科学出版社“十三五”普通高等教育本科规划教材

工程制图习题集

四川大学工程制图教研室　编

马　俊　熊　艳　主编

科 学 出 版 社

北　京

内 容 简 介

本习题集是根据“机械制图（非机类）课程教学基本要求”，采用最新的机械制图国家标准和其他有关最新标准，汲取多年的教学经验和同行专家的宝贵意见，按照48～68学时的教学要求编写而成。

本习题集与四川大学马俊等编写的《工程制图》（科学出版社出版）配套使用。为了便于学生使用，本习题集的编排顺序与配套教材体系一致，内容包括：制图的基本知识和技能，正投影法基础、立体的视图、组合体、轴测图、机件的表达方法、标准件及常用件、零件图、装配图、计算机绘图基础和自测题。

本习题集可作为高等学校工科近机械类和非机械类各专业画法几何及工程制图课程的教材，也可供其他类型学校有关专业的师生参考使用。

图书在版编目（CIP）数据

工程制图习题集/马俊，熊艳主编. —北京：科学出版社，2017.1
科学出版社“十三五”普通高等教育本科规划教材
ISBN 978-7-03-051183-6

Ⅰ.①工… Ⅱ.①马…②熊… Ⅲ.①机械制图—高等学校—习题集
Ⅳ.①TH126-44

中国版本图书馆CIP数据核字（2016）第321186号

责任编辑：邓 静 / 责任校对：桂伟利
责任印制：霍 兵 / 封面设计：迷底书装

科学出版社出版
北京东黄城根北街16号
邮政编码：100717
http://www.sciencep.com

天津市新科印刷有限公司印刷
科学出版社发行 各地新华书店经销
*
2017年1月第 一 版 开本：787×1092 1/8
2025年7月第十次印刷 印张：12
字数：300 000

定价：39.80元

（如有印装质量问题，我社负责调换）

前　　言

本习题集是根据“机械制图（非机类）课程教学基本要求”，采用最新的机械制图国家标准和其他有关最新标准，汲取多年的教学经验和同行专家的宝贵意见，按照 48～64 学时的教学要求编写而成，与四川大学马俊等主编的《工程制图》配套使用。

在编写过程中，我们力求处理好以下问题：

（1）本习题集的编排顺序与配套的《工程制图》教材的章节顺序相同，以便使用。

（2）在内容编排方面，力求由易到难，由浅入深，采用多种形式和必要的反复，以期符合学生的认识规律。

（3）在选题上，着重于基本要求，但也有一定难度。力求典型、突出重点、结合实际，具有思考性，有利于巩固基本概念；有利于培养空间想象能力和分析能力；有利于培养绘制和阅读机械图样的能力。

（4）把零件图和装配图紧密地结合起来，以便了解零件在机器设备中的功能，有利于零件图和装配图的绘制和阅读。

（5）为了使学生对 AutoCAD 绘图有初步的了解和掌握，在本习题集中编写有计算机绘图作业，要求学生在学习 AutoCAD 的基础上，能绘制类似作业的简单图形。

（6）为了拓宽适用范围，考虑不同专业的教学需要，习题力求具有通用性，难易适中，数量上留有一定余量，使用时，各专业可根据不同的教学要求选用。注有“*”者，可根据学生具体情况选作。

（7）习题集最后配有两套自测题，可供学生进行考前水平测试。

本习题集由四川大学工程制图教研室组织编写，马俊、熊艳担任主编，参加编写的有王玫、杨随先、牟柳晨、刘龙繁、袁敏、潘玉霞、石钎等。

本习题集由干静主审。他对本习题集的编写提出了许多宝贵的意见，在此表示衷心感谢。同时对参与讨论的周兵、尚利、胡萍、张珣等老师表示感谢。

由于编者水平有限，疏漏不足之处，敬请批评指正。

编　者

2016 年 10 月

目　　录

1 2 3 4 5 6 7 8 9 0

I II III IV V VI VII VIII IX X

ABCDEFGHIJKLMNOPQRSTUVWXYZ α β γ δ θ μ π σ φ 1234567890 I V X Ø R

abcdefghijklmnopqrstuvwxyz

技术要求钢剖视图厘毫米标注尺寸加工制造配作铸件强度检查几何作图投影比例图号锥度轴承座

Ø50h7 8P6 20f6 120° $Ø14_{-0.011}^{0}$ 3p6 R8 A-A B-B C

托架球支座衬套挡油环弹簧减速箱滚动滑动轴承螺栓螺钉螺母

零件图装配图技术要求螺栓柱钉母销键齿轮垫圈手柄端盖箱壳体法兰盘吊钩焊铆连接

一 二 三 四 五 六 七 八 九 十 千 万 分 土 水

名 称 序 号 材 料 件 数 平 立 侧 主 俯 仰 剖

大 学 院 校 系 专 业 班 级 制 描 图 审 核 备

断 面 技 术 要 求 备 注 第 张 其 余 成 绩 姓

第一次作业指示书

一、作业名称

图名：基本作图。

图号：00-01。

绘图比例1:1。

二、作业目的

（1）学习绘图仪器及工具的使用方法，培养正确的绘图习惯。

（2）学习图幅、图线、字体、尺寸注法等标准。

（3）学习平面图形的尺寸分析及其绘制，掌握弧线连接的作图方法。

三、作业要求

（1）熟悉并掌握图纸幅面、图线的用途及画法。

（2）要求同类图线全图粗细一致，字体工整，图面整洁，弧线连接光滑。

（3）正确使用绘图工具，仪器，逐步掌握简捷的绘图方法。

（4）掌握平面图形的尺寸分析和画图步骤。

（5）培养耐心细致、认真严肃的工作作风和作图习惯。

四、作业内容

采用A3图幅，按1:1的比例完成图线、图案和挂轮架或吊钩的作图。

五、画图的方法步骤

（1）作好绘图前的准备工作。

（2）画底稿图：底稿图一律用细实线轻轻画出。要求作图准确，各种线型按规定作出，连接弧线要求作图准确。

（3）检查描深。

（4）标注尺寸：挂轮架或吊钩要求对照图形标注尺寸。尺寸箭头的大小，全图应基本一致。尺寸数字用3.5号字，画出高度线后再注写。各栏图形的名称，如“图线”、“图案”、“挂轮架”、“吊钩”等用7号字注写。

（5）填写标题栏：作业名称用10号字，校名用7号字，班名用3.5号字，其余均用5号字填写。

（6）检查送审：检查全图，擦去多余的图线，折叠成A4幅面大小，送审。

图　线

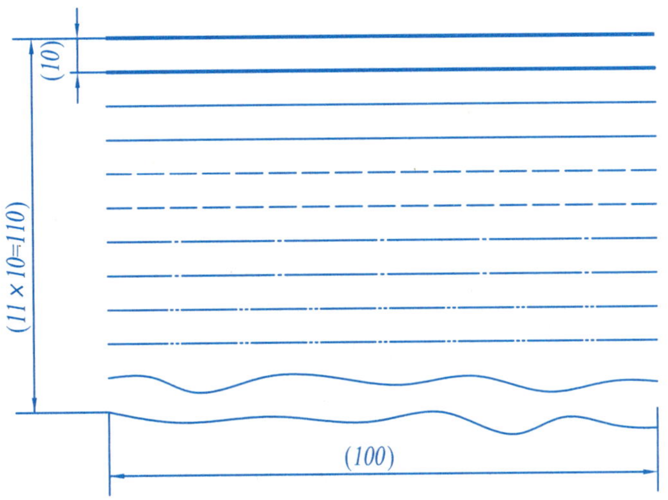

图　案

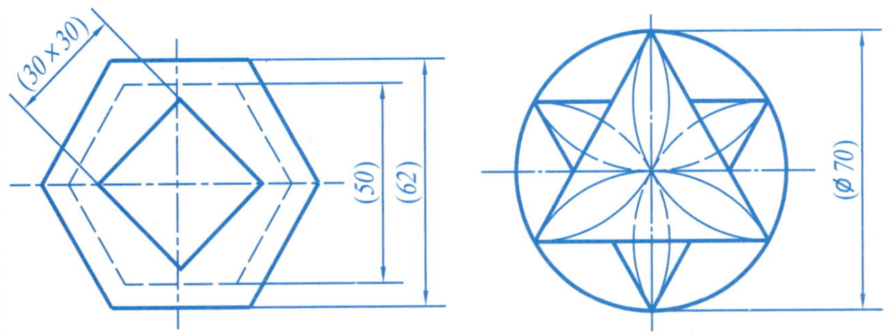

吊　钩

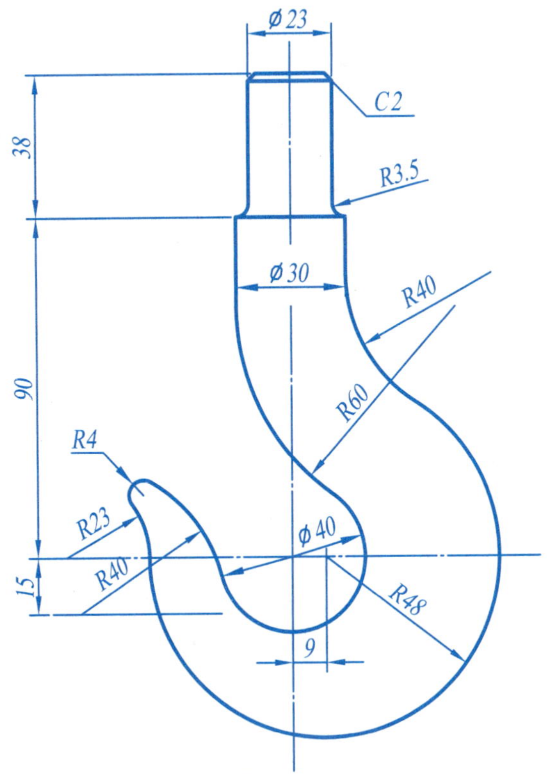

挂　轮　架

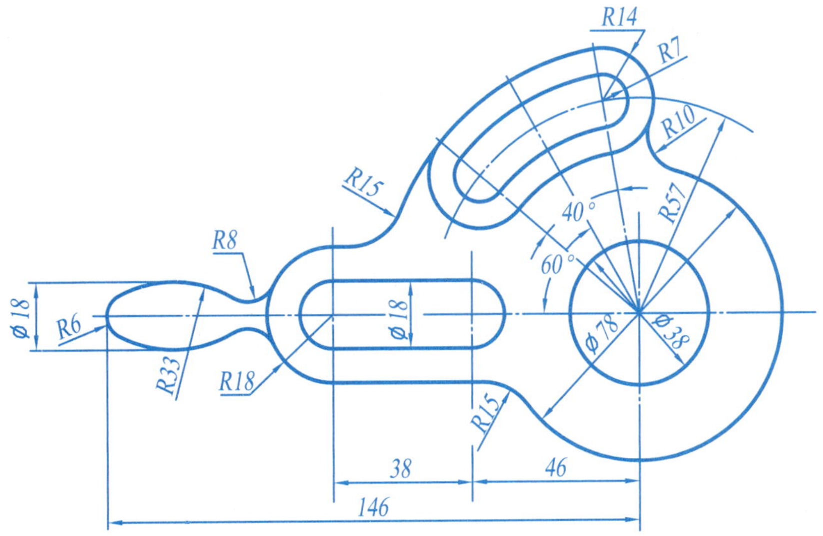

2-1. 已知各点的直观图，试作它们的二面投影图，并填写它们距投影面的距离(取整数）。

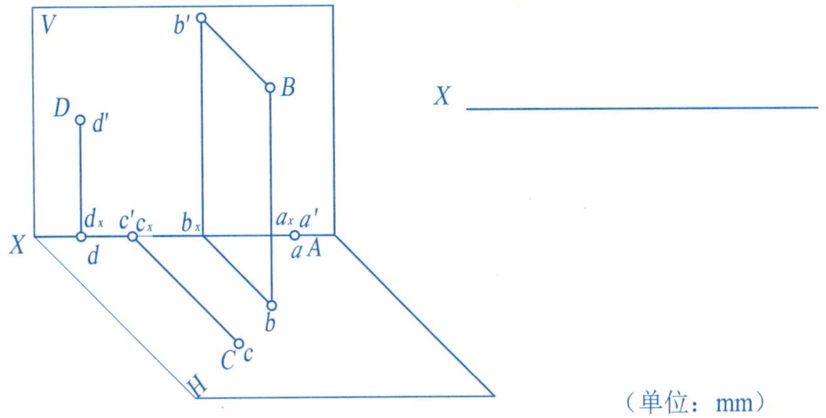

（单位：mm）

点	A	B	C	D
距H面距离				
距V面距离				

2-3. 求各点的第三面投影，并判断投影的可见性。

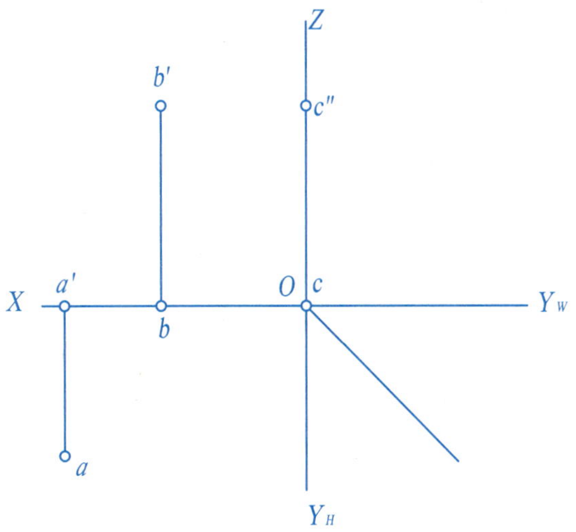

2-5. 补画直线的第三投影，并判断对投影面的相对位置，填写直线名称。

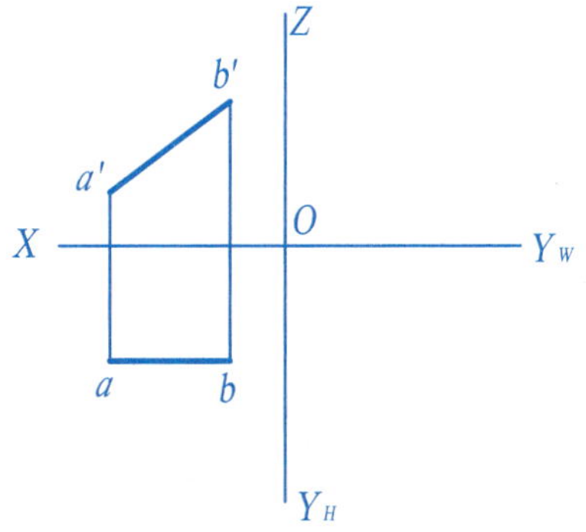

______线

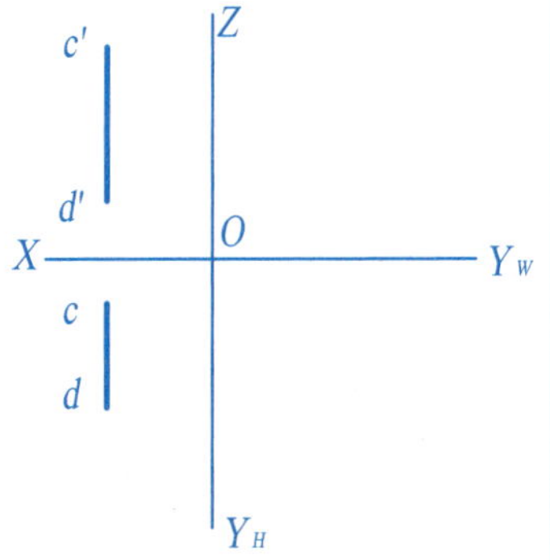

______线

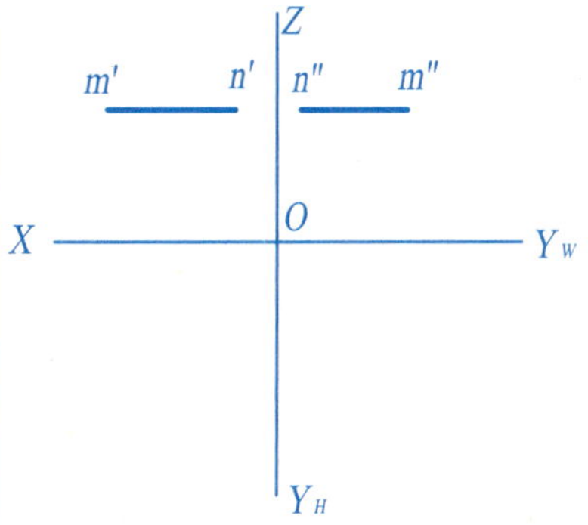

______线

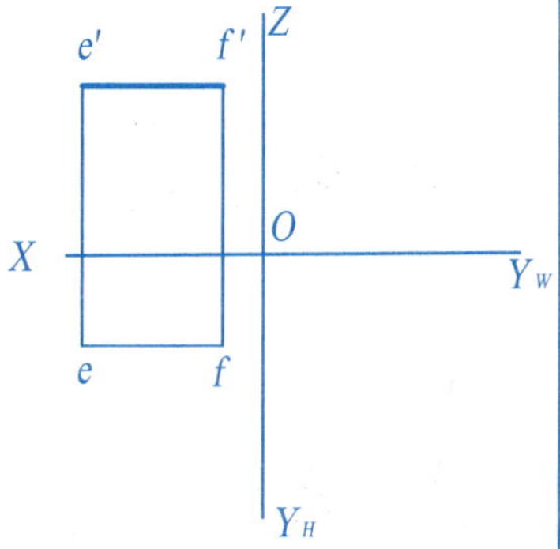

______线

2-2. 已知各点的直观图，试作它们的三面投影图，并填写它们距投影面的距离（取整数）。

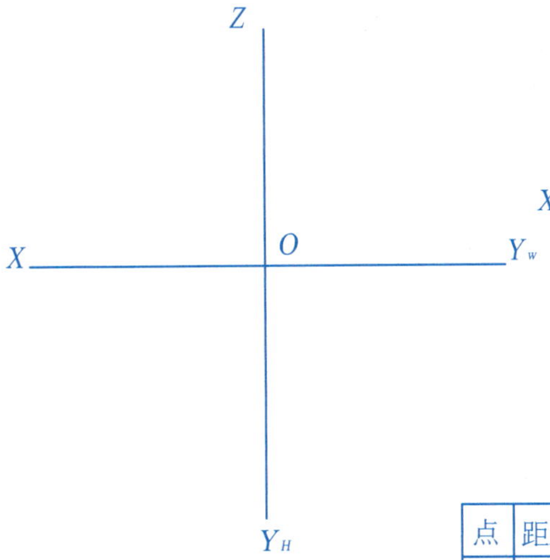

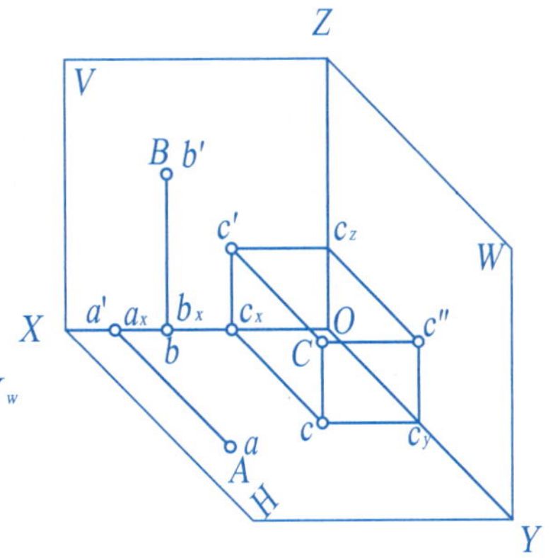

（单位：mm）

点	距H面距离	距V面距离	距W面距离
A			
B			
C			

2-4. 在三角块的投影图上标出直观图已注明的各顶点的投影，并填写各点的相对位置数据（取整数）。

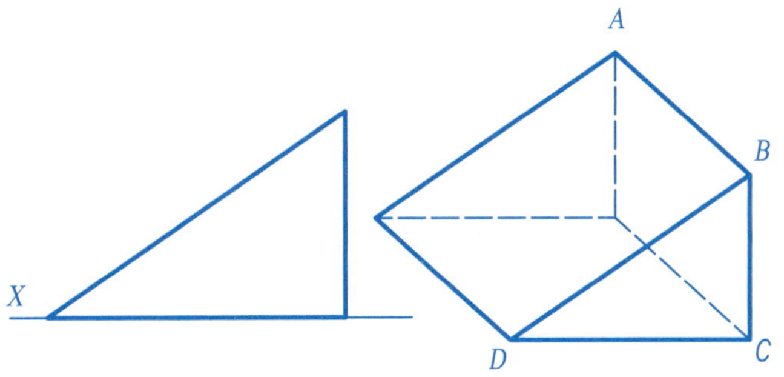

点A在点B之后　　mm

点B在点C之上　　mm

点D在点C之左　　mm

2-6. 过已知点A作直线AB=15mm，满足以下要求：

（1）向右上方作正平线，θ_W=60°。

（2）向右后方作水平线，θ_V=45°。

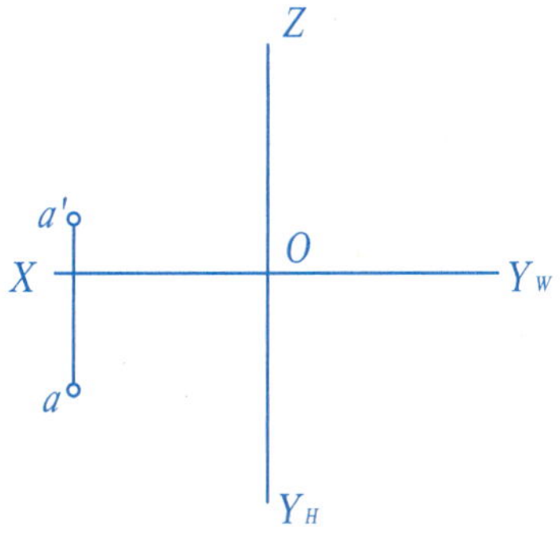

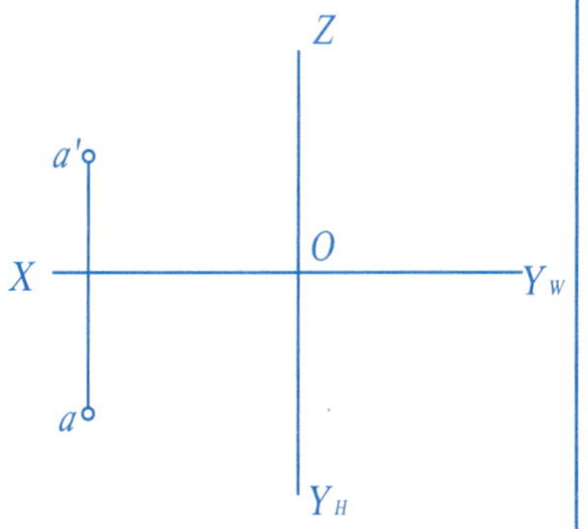

2-7．在已知直线段*AB*上求一点*C*，使*AC*:*CB*=1:2。

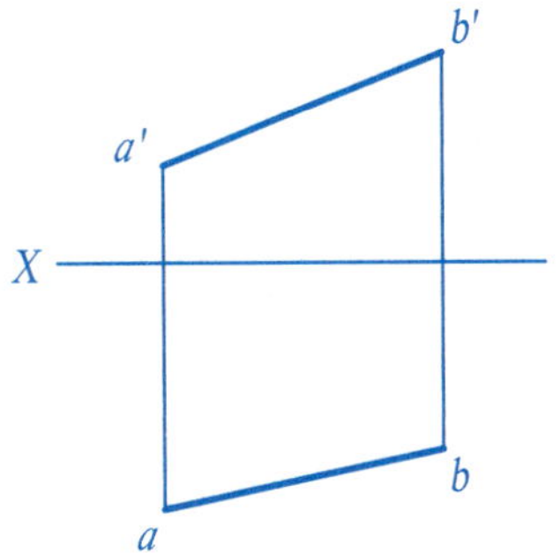

2-8．试判断点*K*是否属于直线段*CD*。

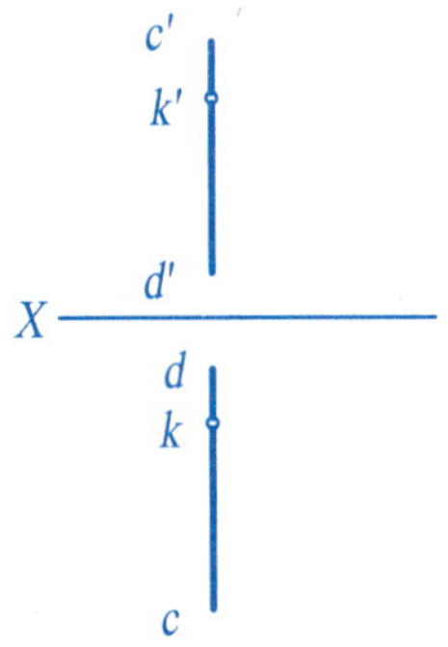

2-10．过点*K*作正平线*KL*，使之与直线*AB*相交。

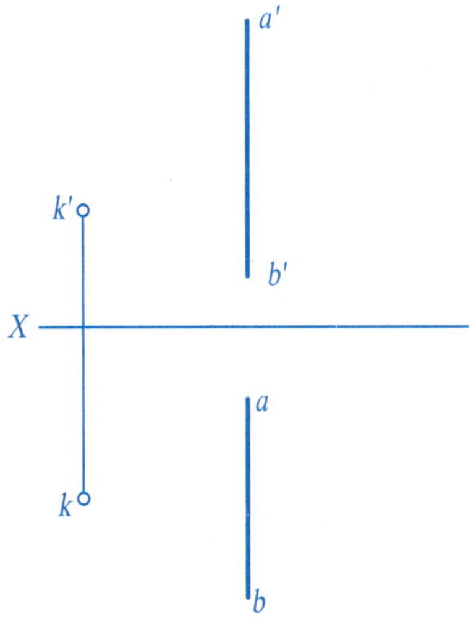

2-12．对照轴侧图中指定的平面，分别标出其三面投影，并判别它们对投影面的相对位置。（注意：投影图中用小写字母）

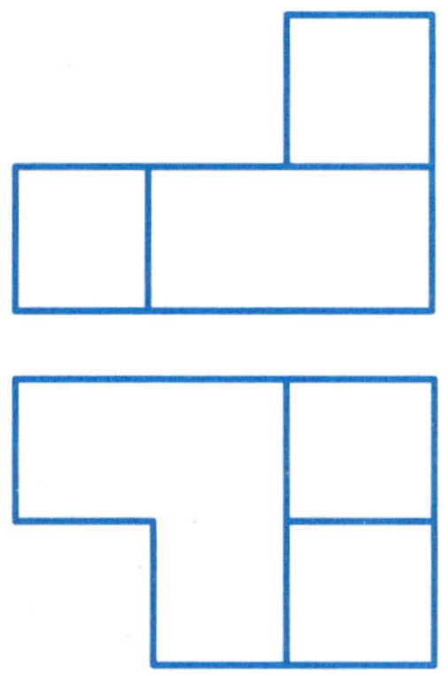

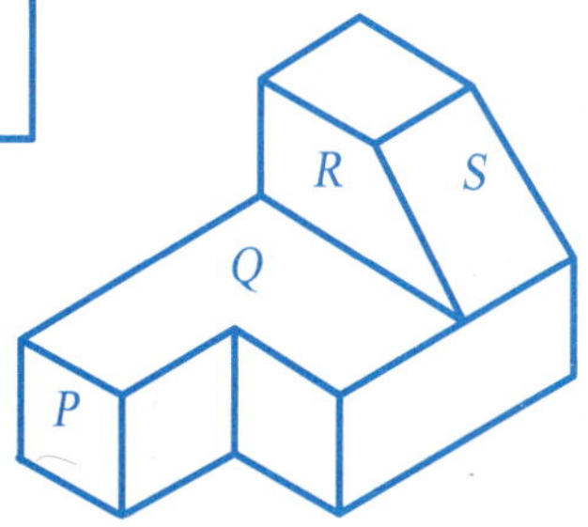

*P*是______面
*Q*是______面
*R*是______面
*S*是______面

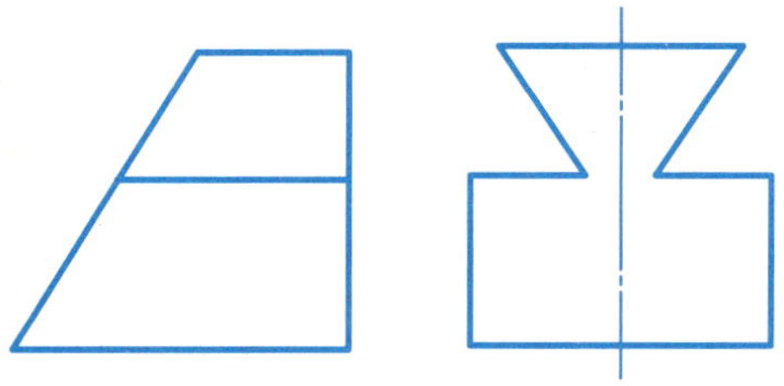

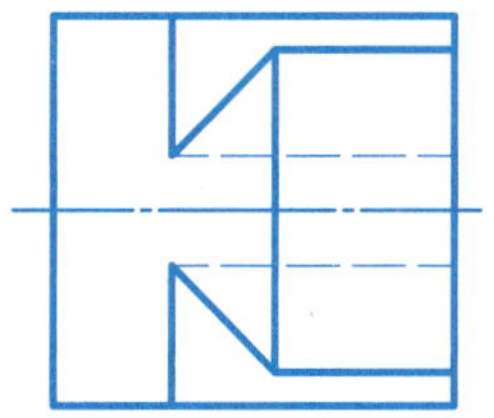

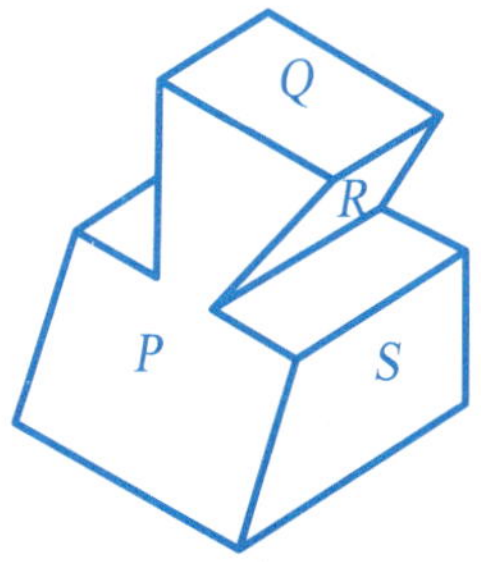

*P*是______面
*Q*是______面
*R*是______面
*S*是______面

2-9．判断直线*AB*与*CD*间的相对位置。画出交叉两直线重影点的投影，并判断其可见性。

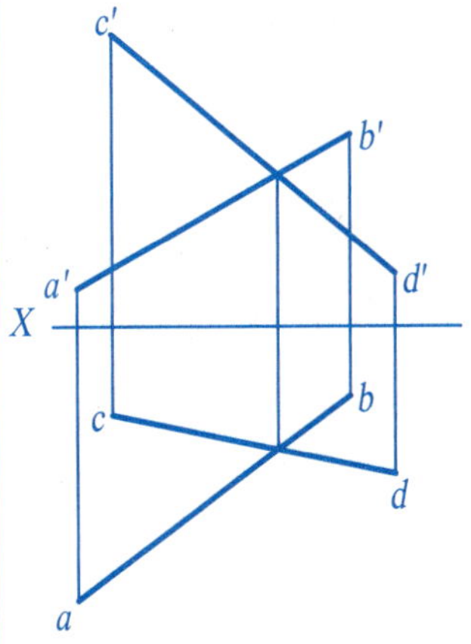

（1）______

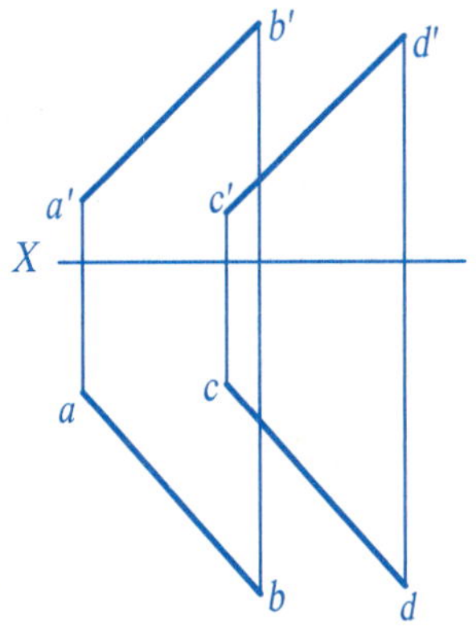

（2）______

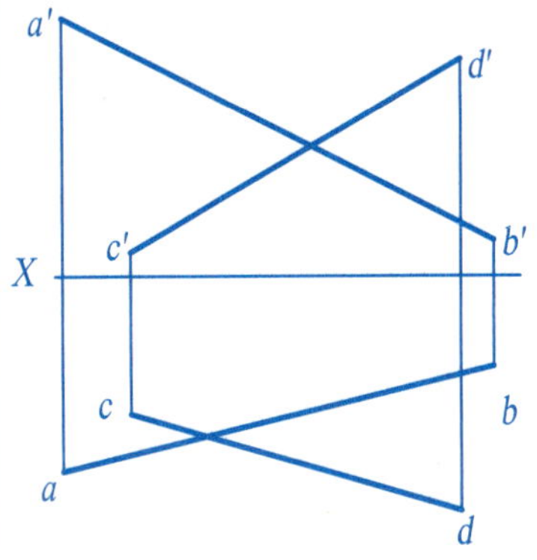

（3）______

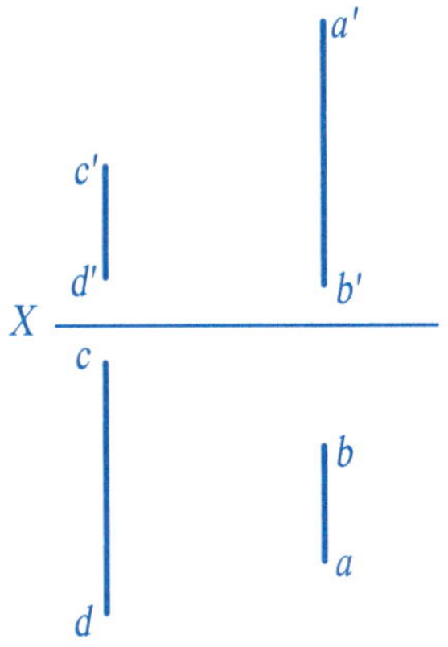

（4）______

2-11．过点*A*作直线*AB*，使之与已知两直线*CD*、*MN*均相交。

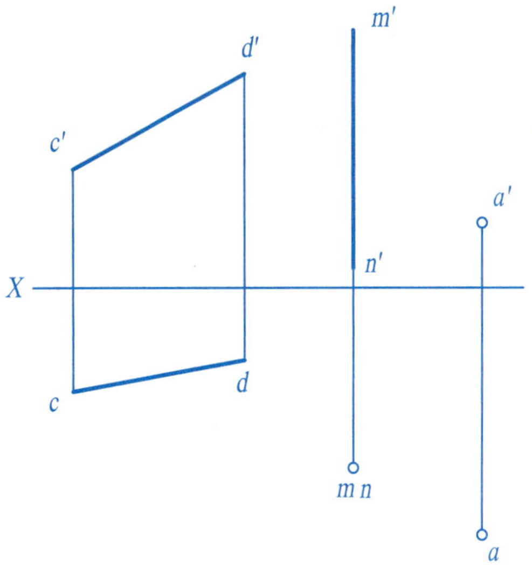

2-13．补画平面的第三面投影，判断其对投影面的相对位置，并填写平面名称。

（1）

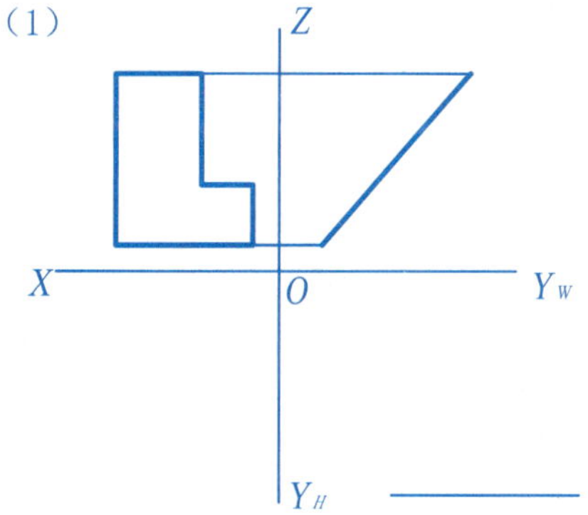

______面

（3）

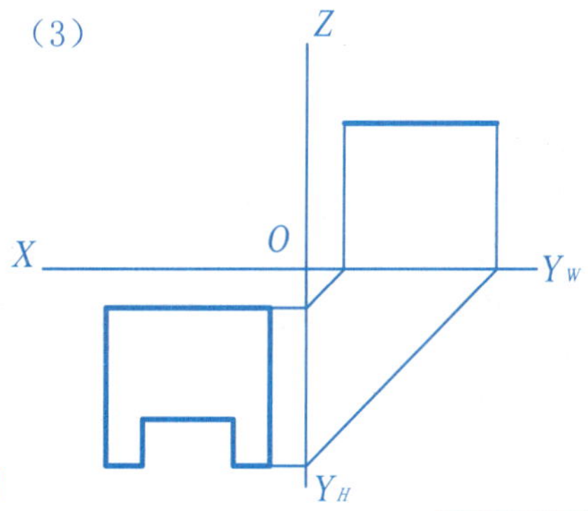

______面

（2）

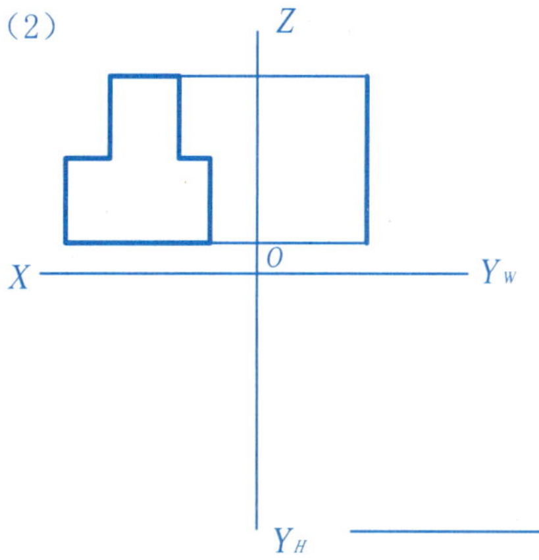

______面

（4）

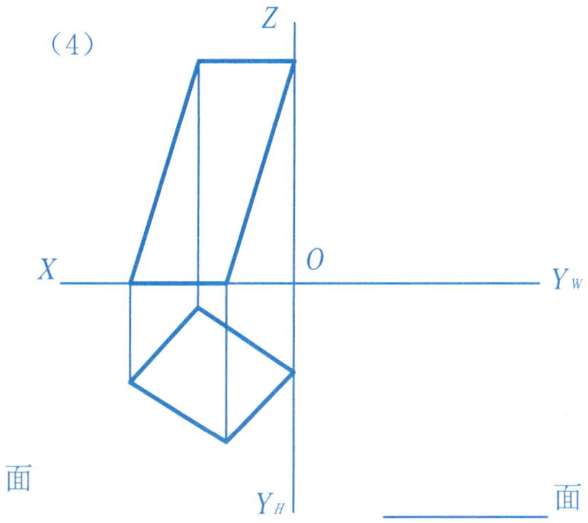

______面

2-14. 点*D*和直线*EF*属于给定平面，求其另一投影。

（1）

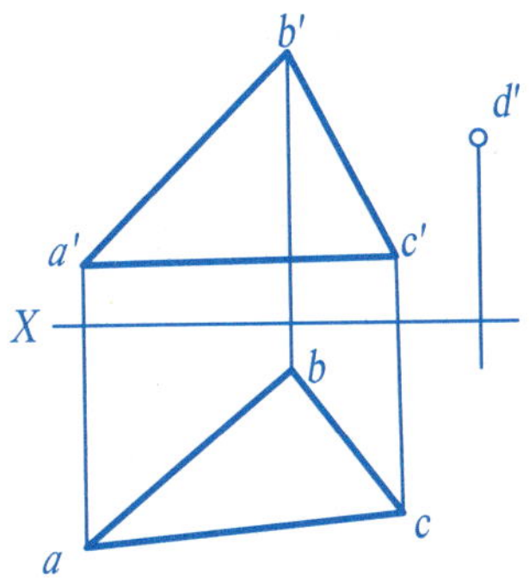

（2）

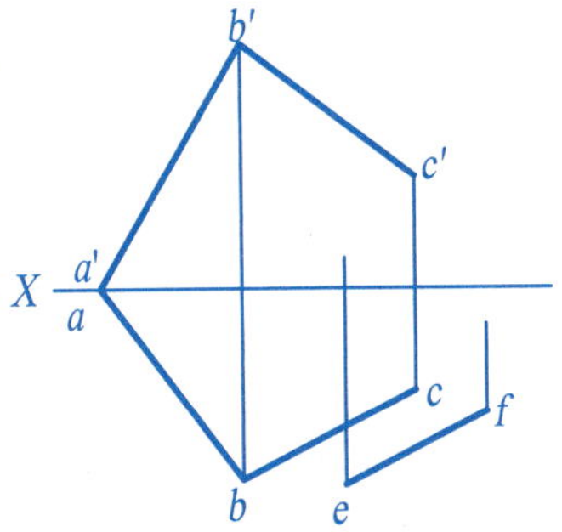

（3）

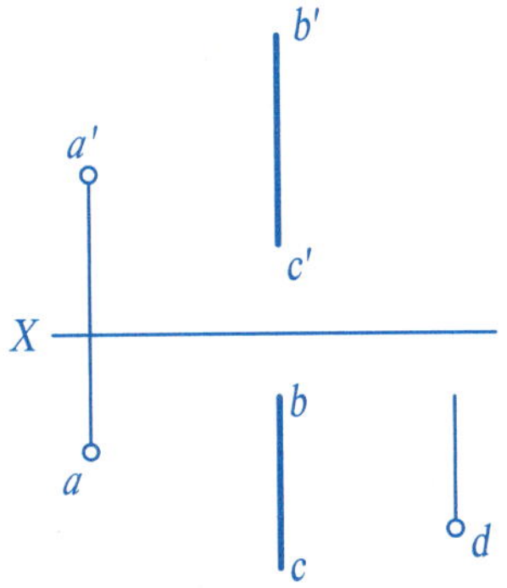

2-17. 求两平面的交线*KL*，并判断平面投影的可见性。

（1）

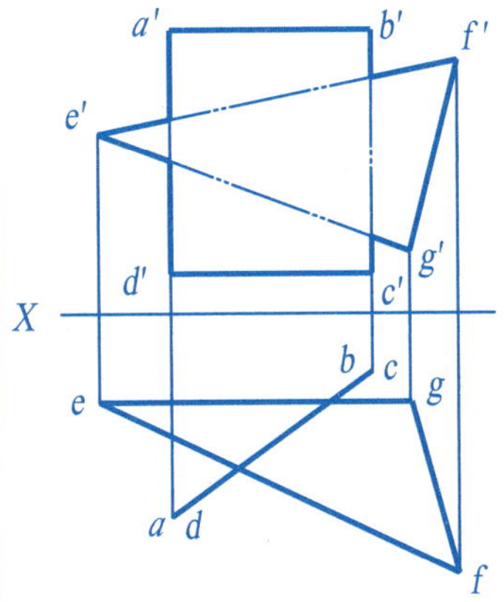

（2）

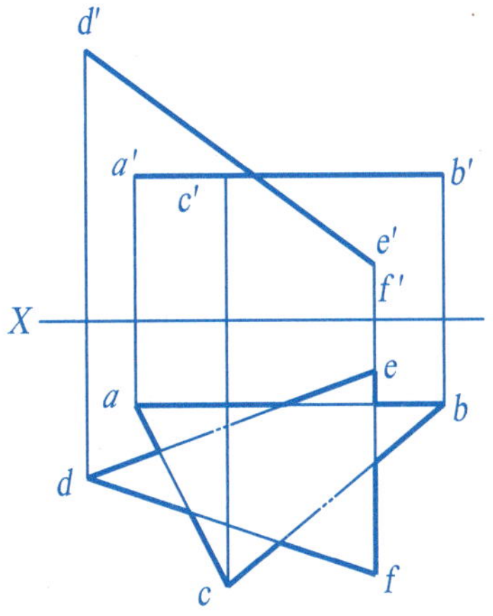

（3）

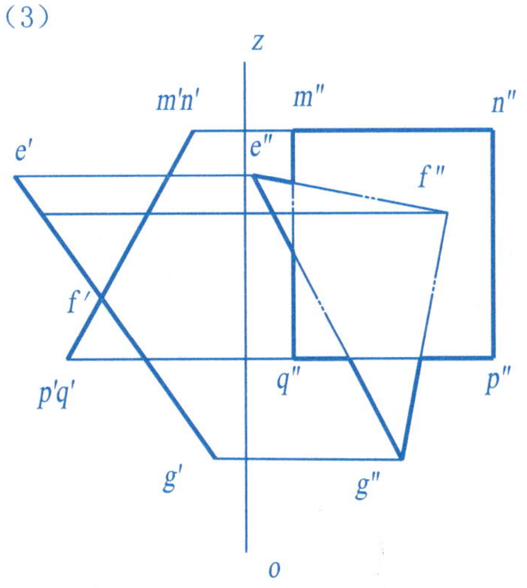

2-15. 补画五边形*ABCDE*的正面投影。

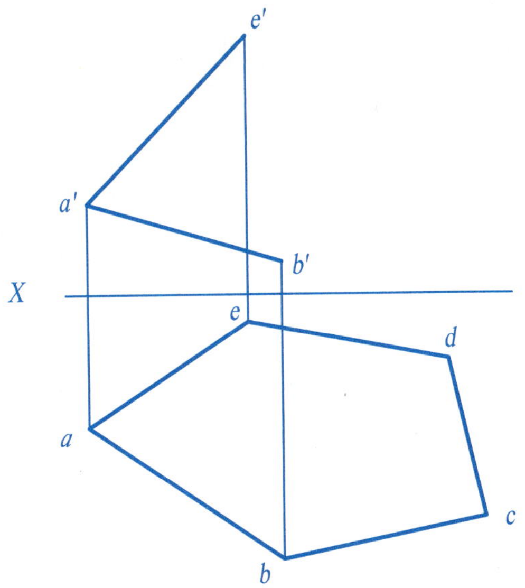

2-16. 求直线与平面的交点*K*，并判断直线投影的可见性。

（1）

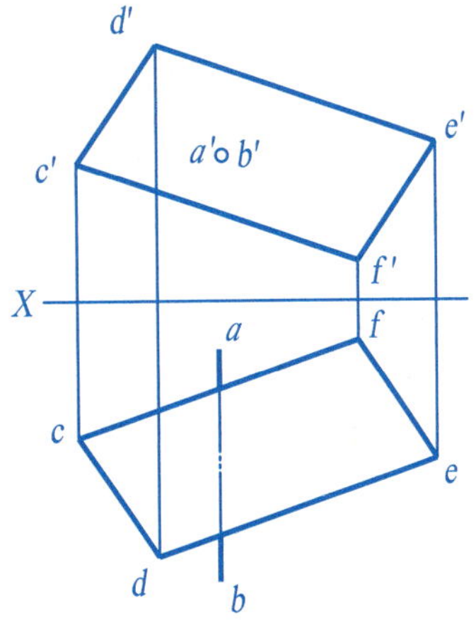

（2）

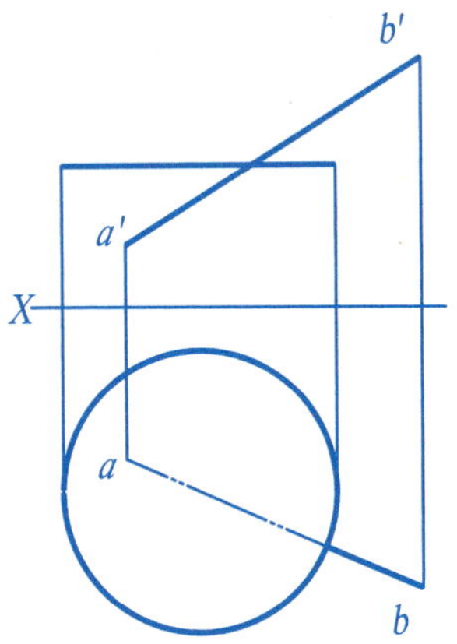

2-18. 判断直线与平面，平面与平面是否垂直。

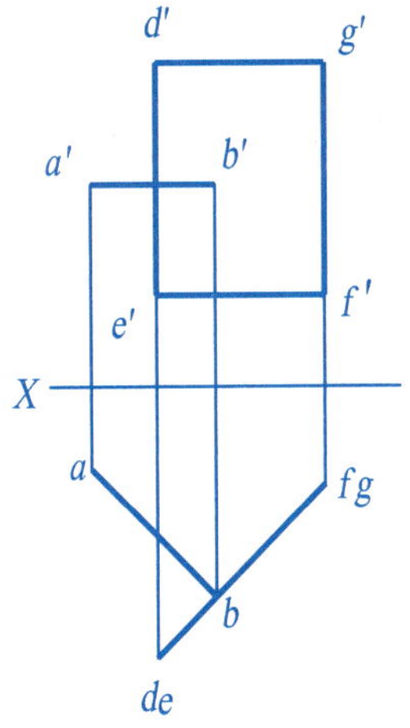

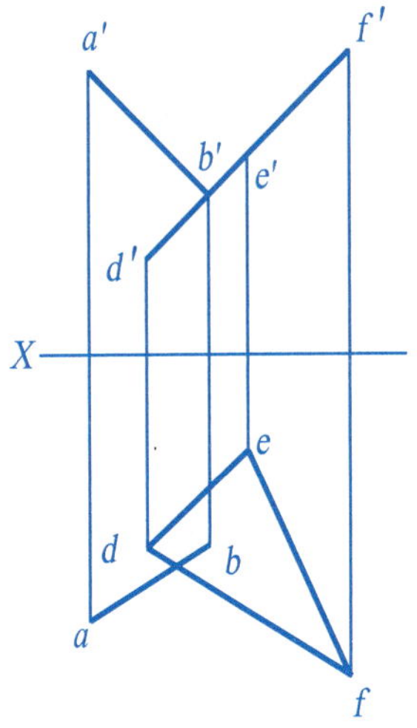

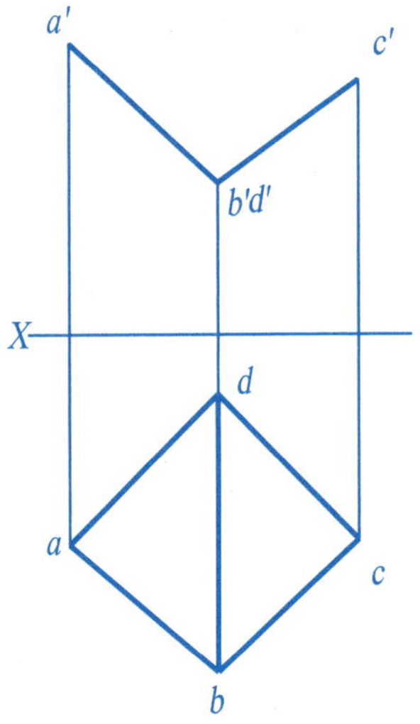

（1）__________　（2）__________　（3）__________

3. 立体的视图

3-1. 根据立体图，找出对应的三视图，将号码填在下面的圆圈内。

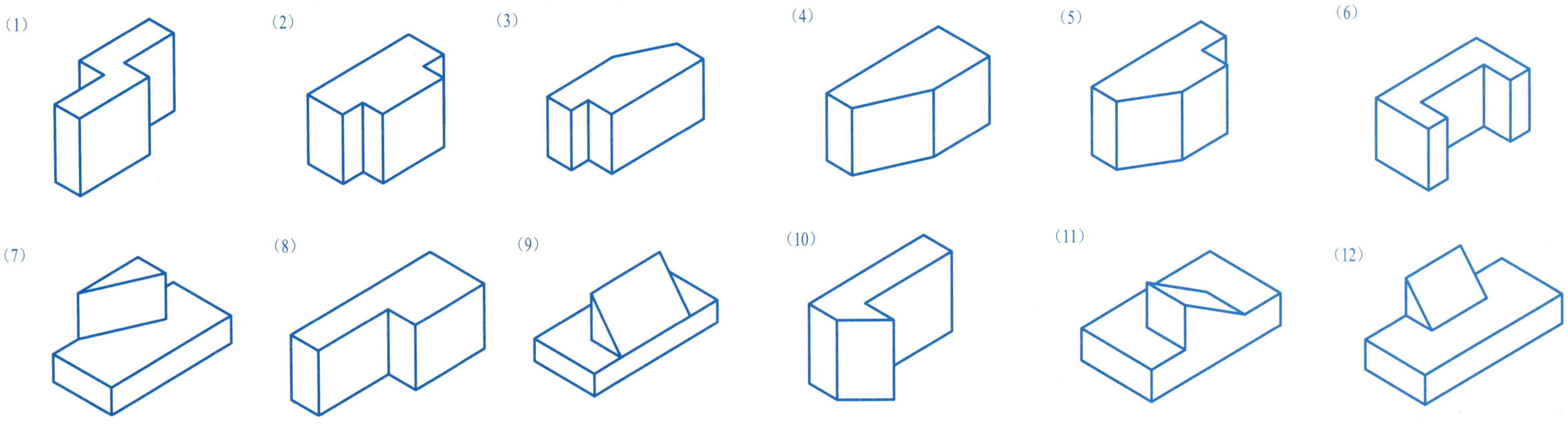

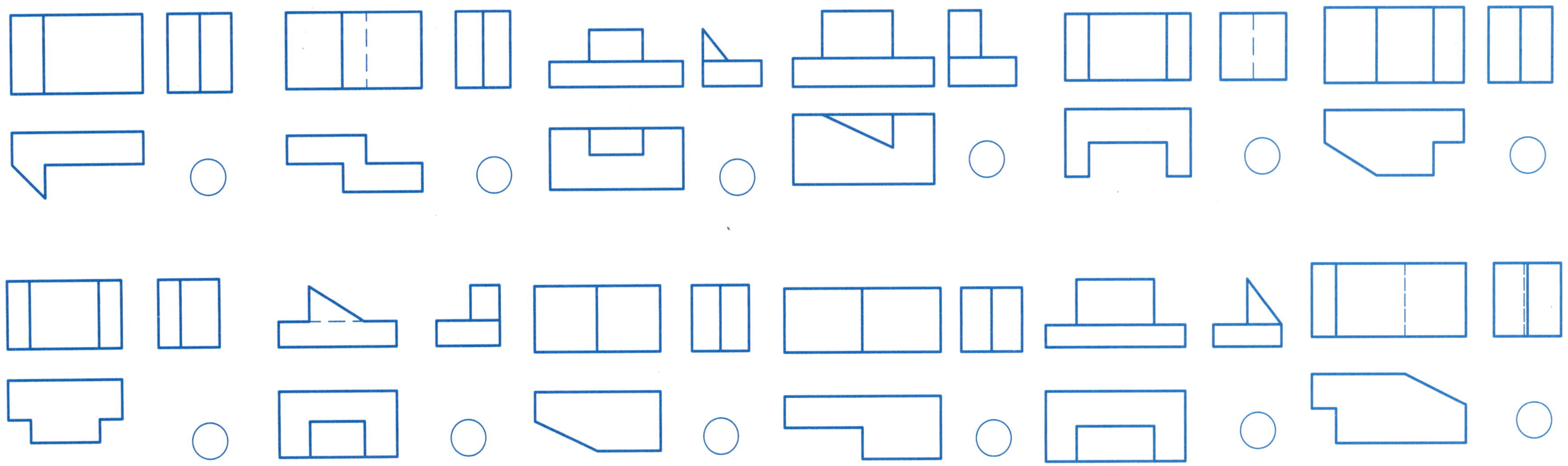

3-2. 作三棱柱的左视图，并作出表面各点的其余投影。

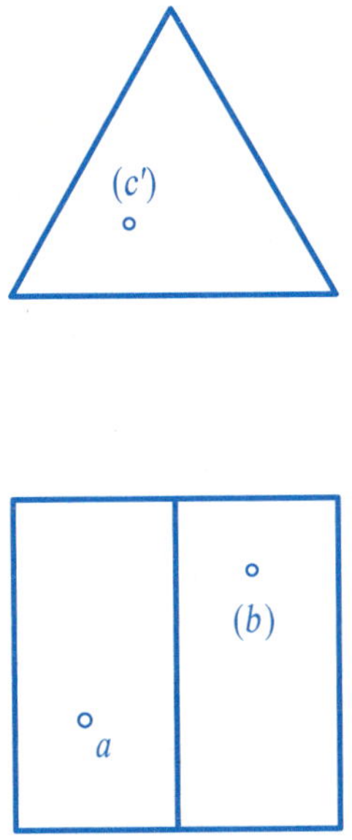

3-4. 作三棱锥的左视图，并作出表面上的折线$ABCD$的正面投影和侧面投影。

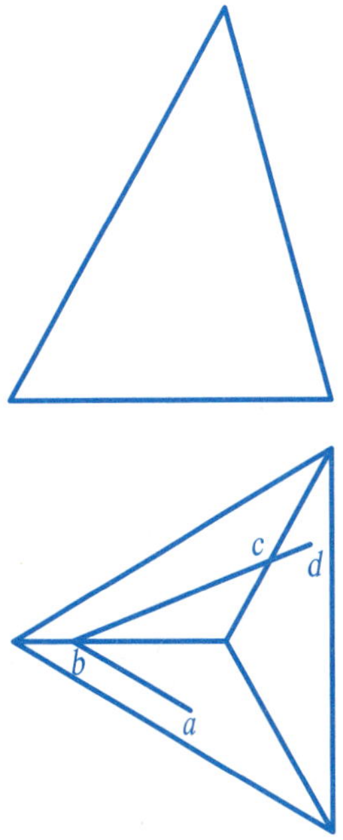

*3-6. 作左端为正垂面的凸字形侧垂柱的俯视图，并已知表面上折线的起点A的正面投影和终点E的侧面投影，折线的水平投影成一直线，作折线的三面投影。

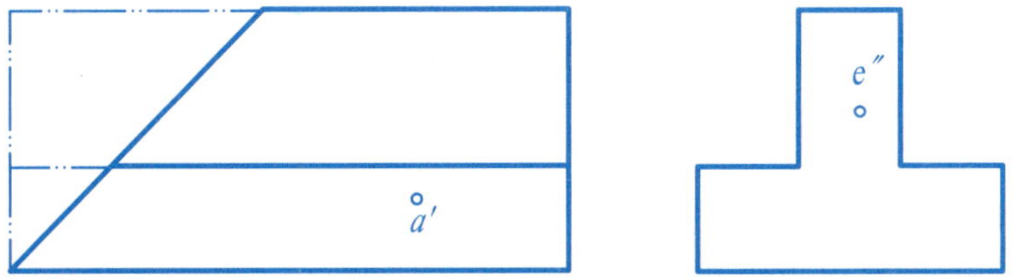

3-3. 作正六棱柱的俯视图，并作出表面折线ABC的其余投影。

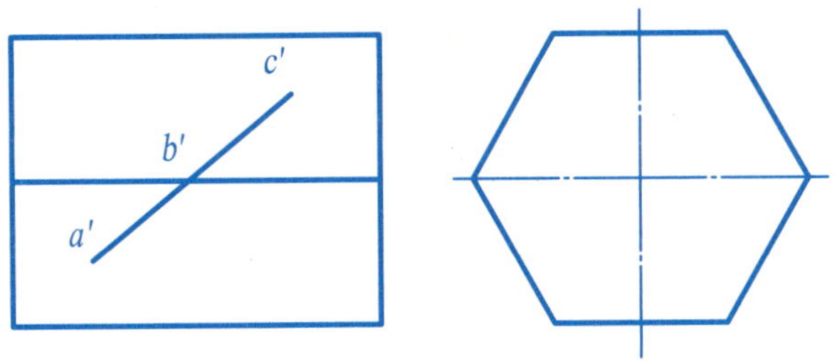

3-5. 作四棱台的俯视图，并补全表面上的各点A、B、C、D、E和F的三面投影。

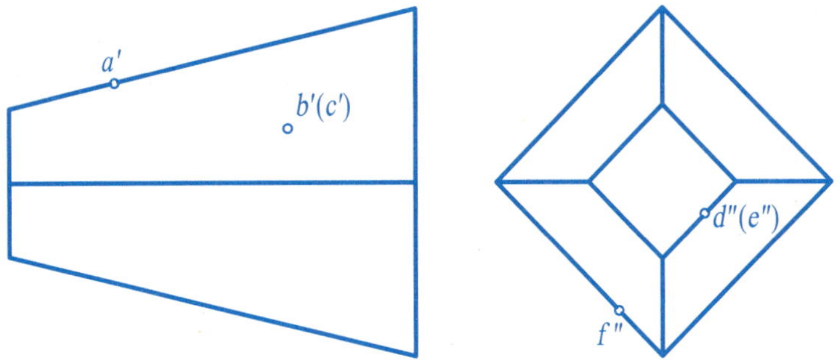

3-7. 作圆柱表面点的其余投影。

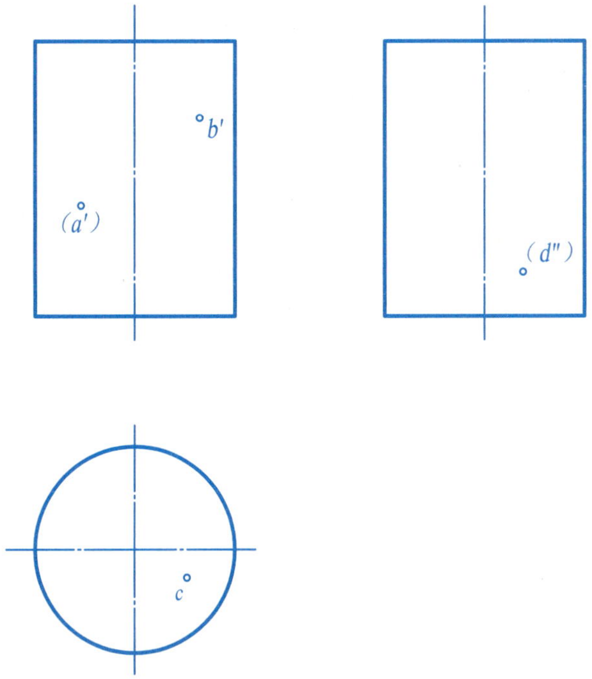

3-8. 作圆柱体表面点、线的其余投影。

（1）

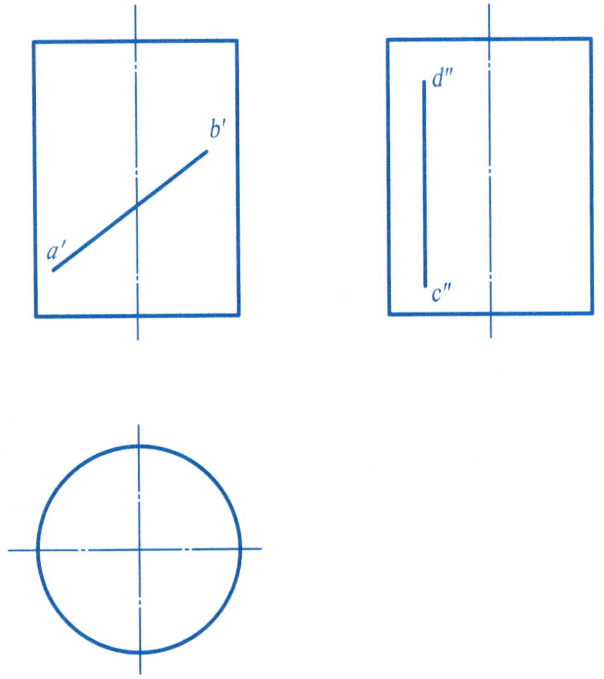

（2）

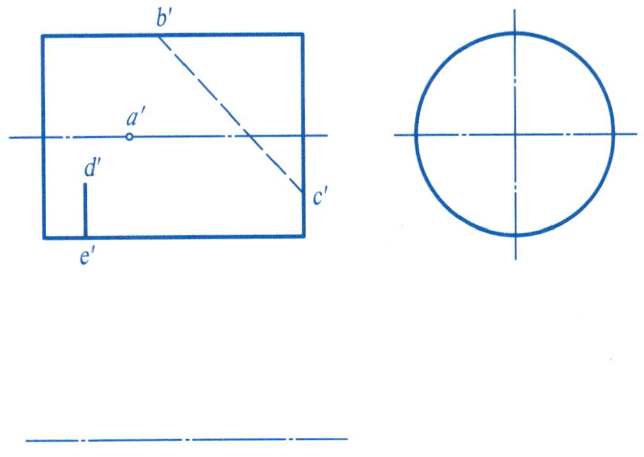

3-9. 作圆锥表面上点、线的其余投影。

（1）

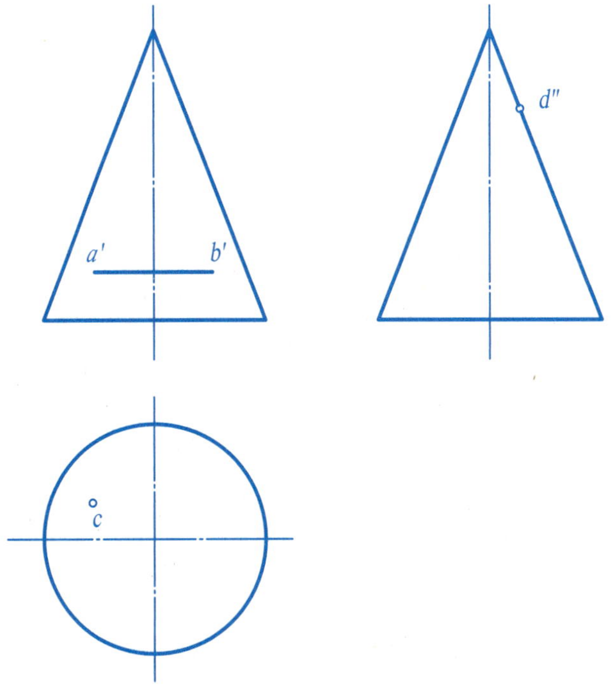

（2）

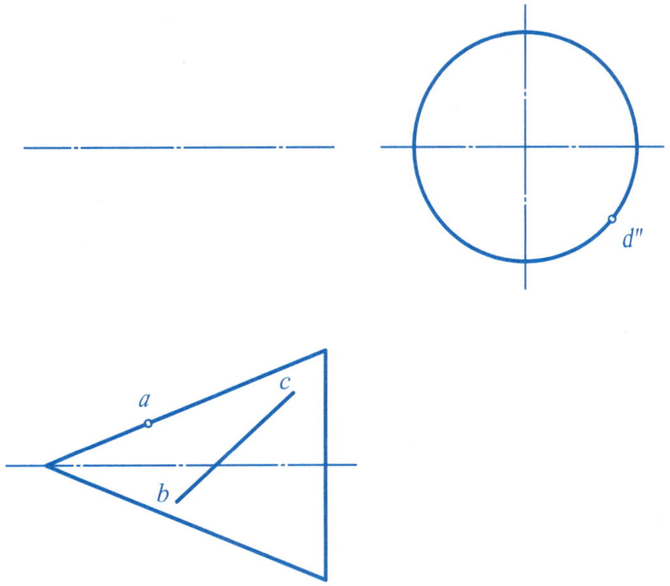

3-10. 已知圆球表面上点A、B、C、D的一个投影，作出其余投影。

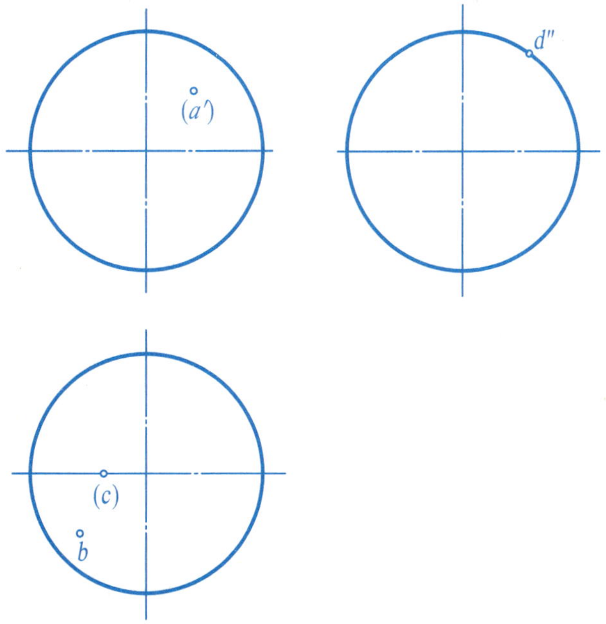

3-11. 作半球的俯视图，作出球面上的曲线ABC、CD、DE的水平投影。

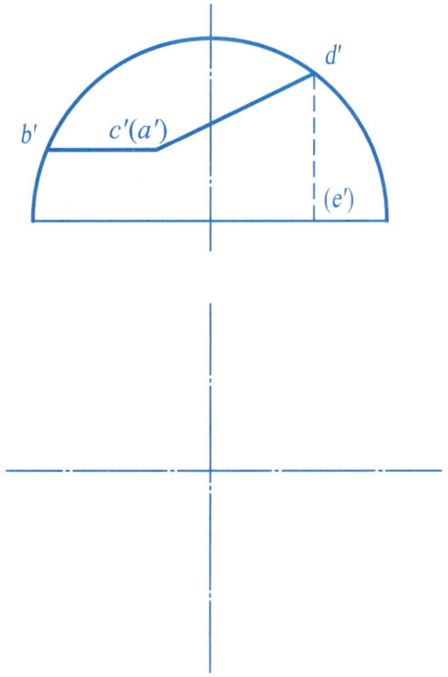

3-12. 补全立体被截切后的三视图。

1.

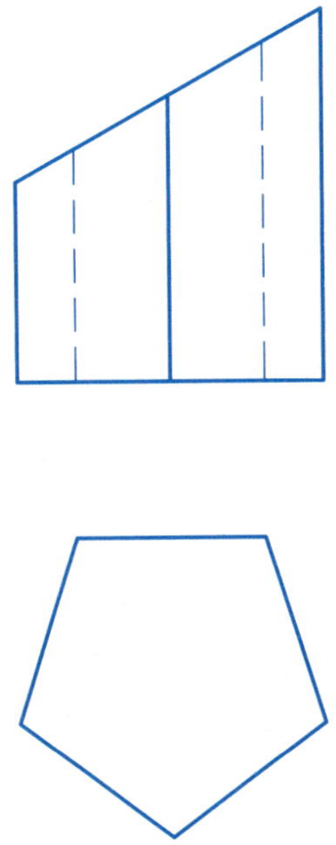

2.

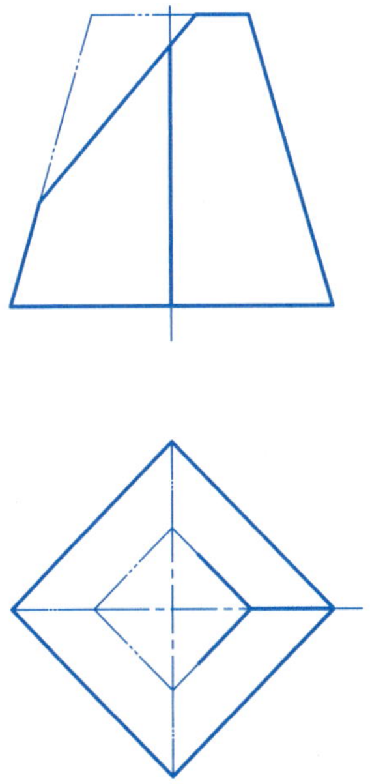

3.

3-13. 补全立体切槽或穿孔后的俯视图，画出其左视图。

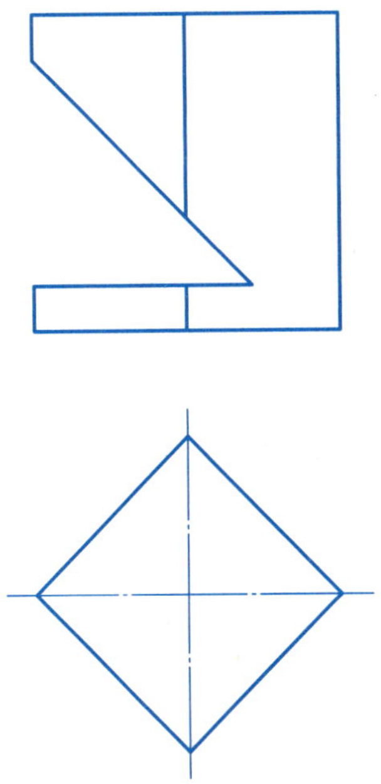

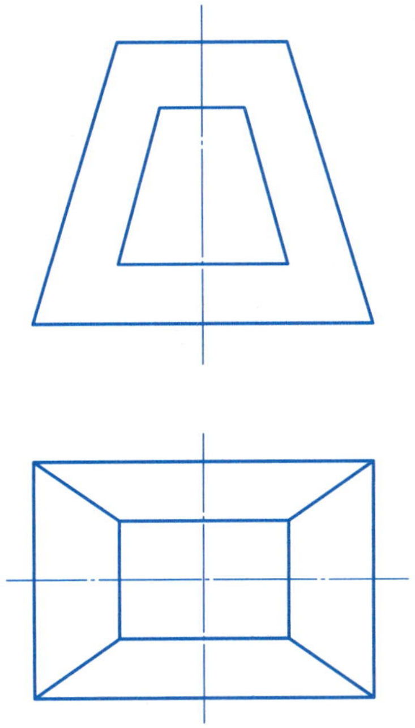

3-14. 补全立体切割后的俯视图。

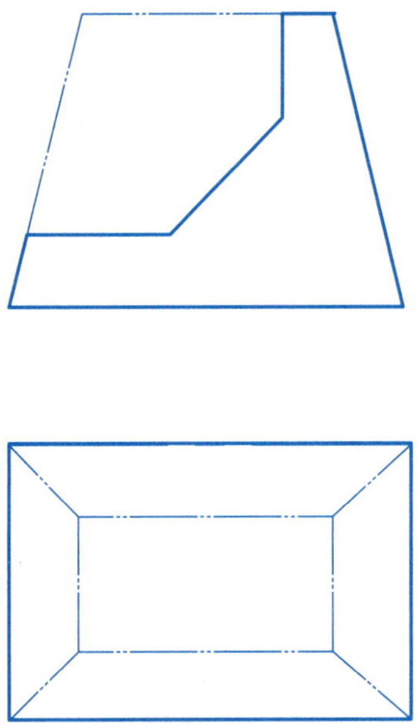

3-15. 补全圆柱被截切后的俯视图和左视图。

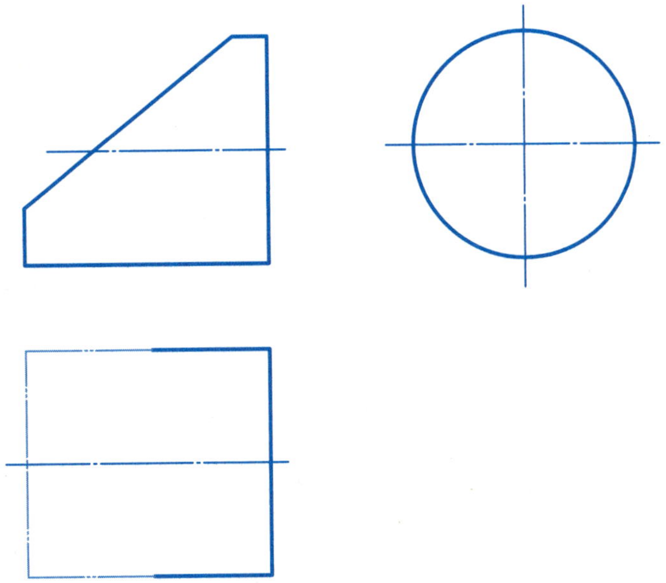

3-16. 补全圆柱被切割后的俯视图，画出其左视图。

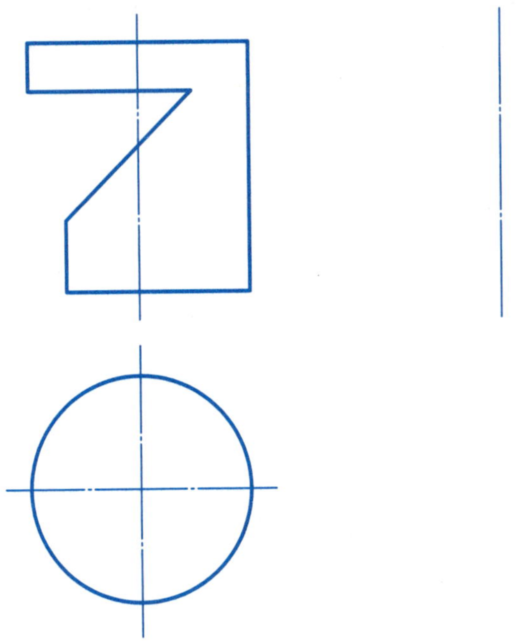

3-17. 画出圆柱被切割后的左视图。

（1）

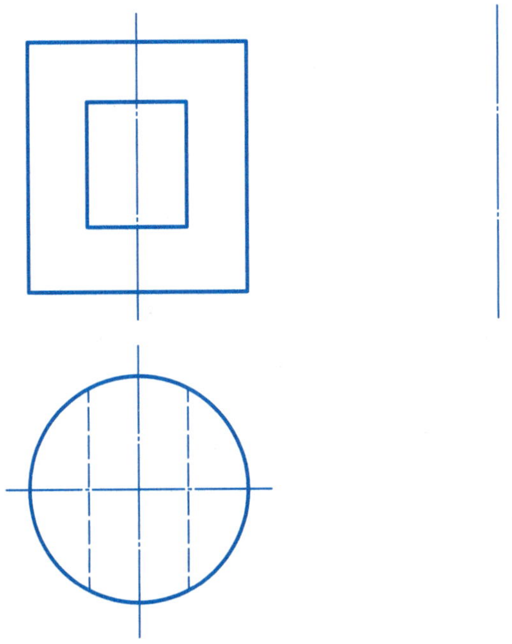

（2）

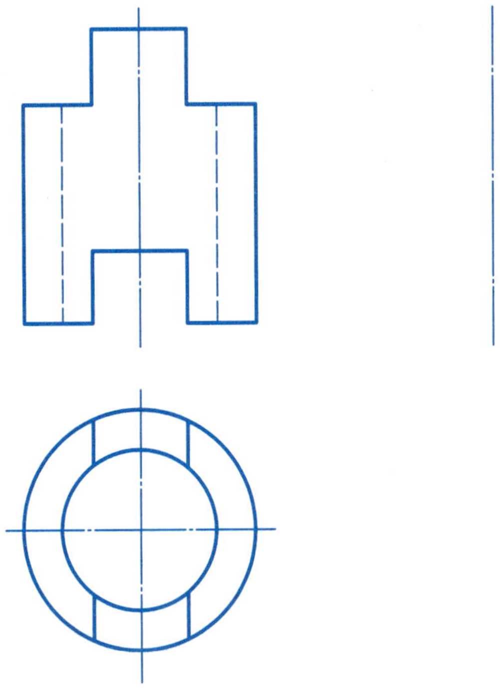

3-18. 画出圆柱被切割后的俯视图。

（1）

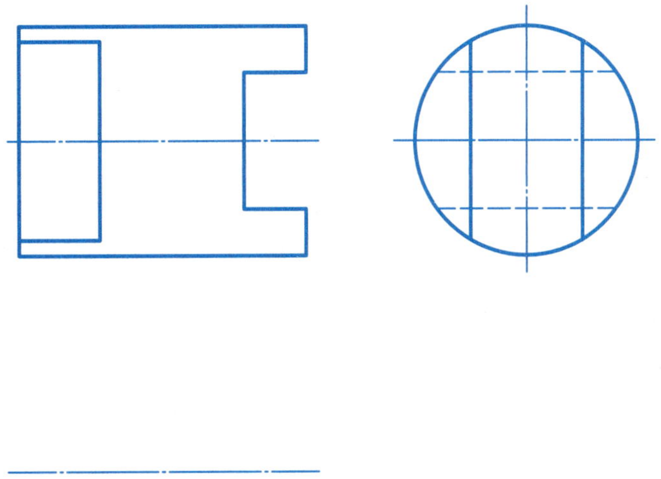

（2）

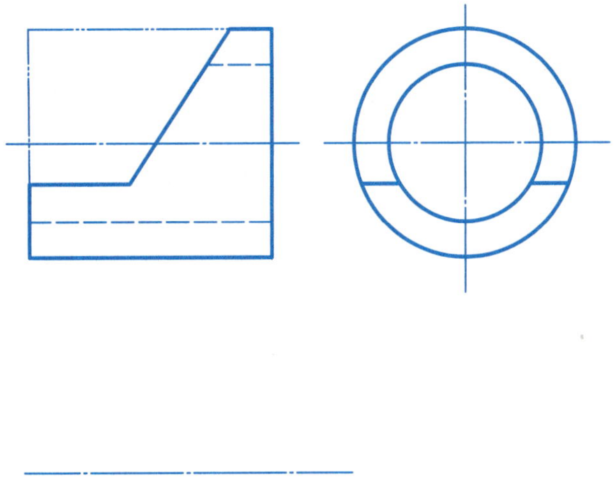

3-19. 补全圆锥被截切后的俯视图和左视图。

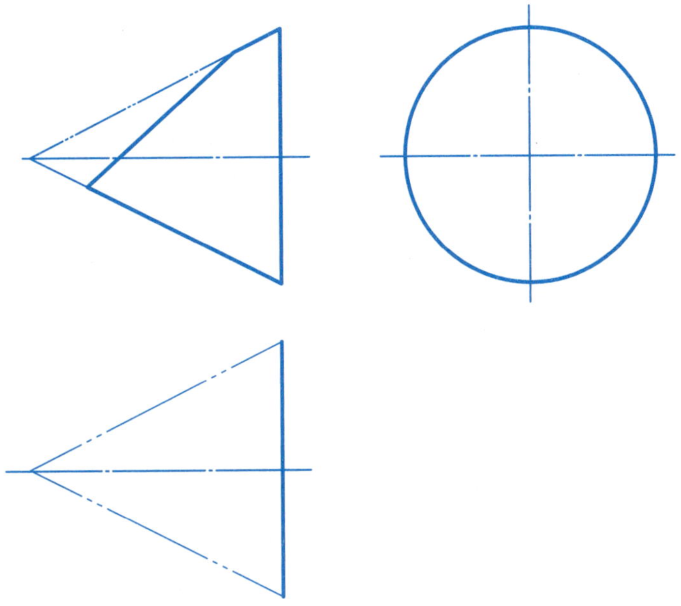

3-21. 画出圆球体被截切后的俯视图和左视图。

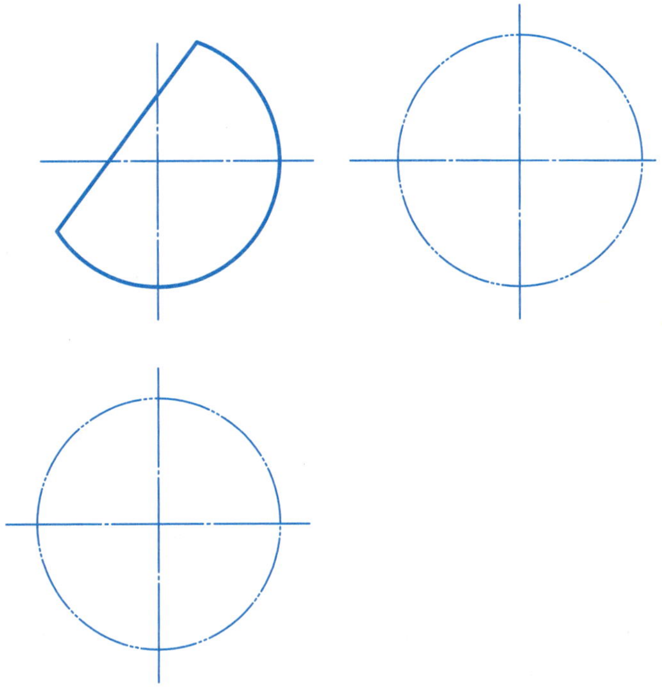

3-22. 补全半圆球被截后的主视图，画出其俯视图。

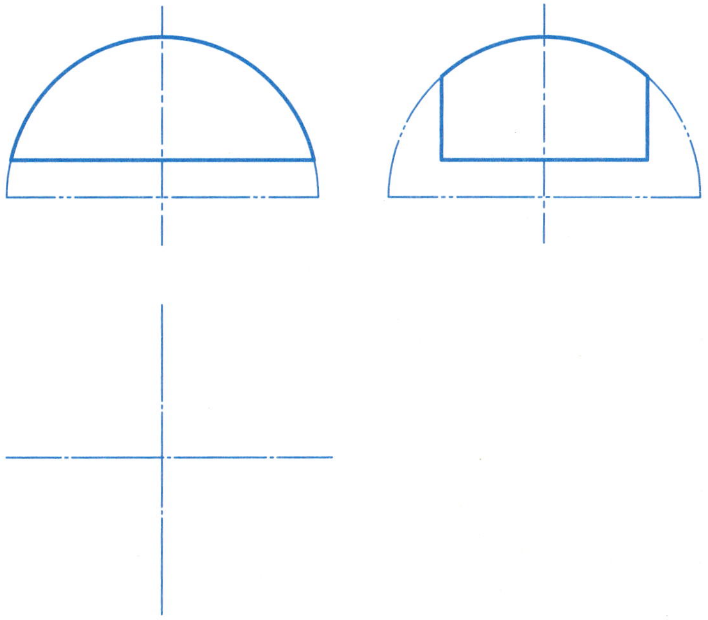

3-20. 画出圆锥切割后的俯视图和左视图。

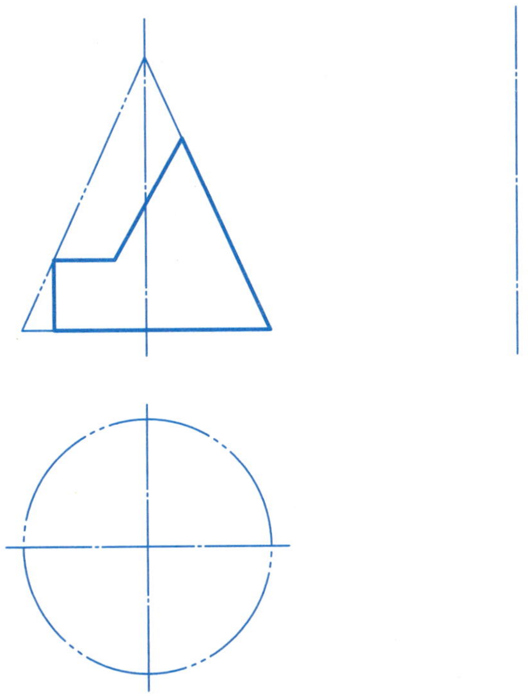

*3-23. 画出一般回转体被截切后的主视图。

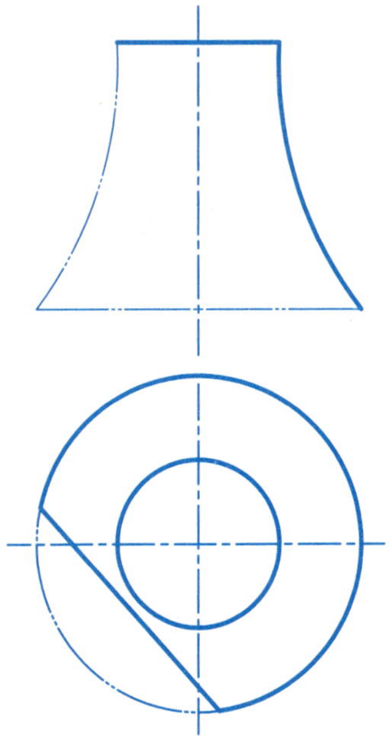

*3-24. 求作同轴复合旋转体截切后的俯视图。

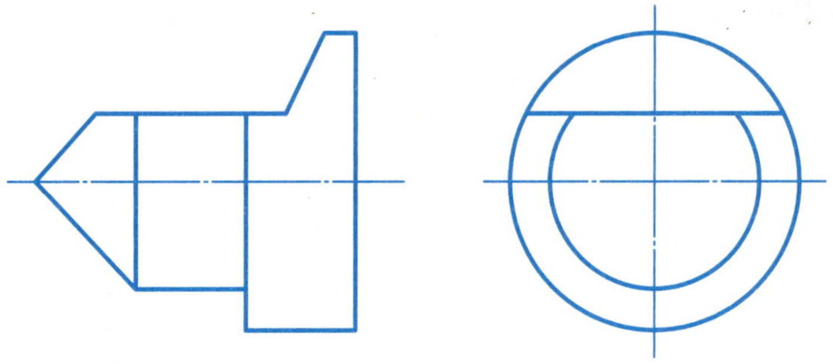

3-25. 求两圆柱相贯线的投影。

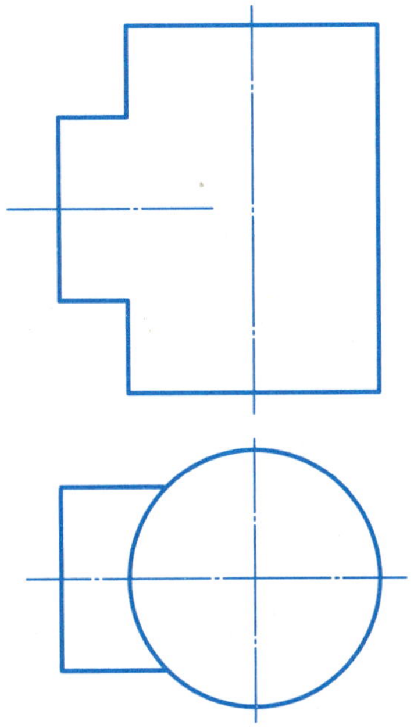

3-27. 补画出相贯线的投影。

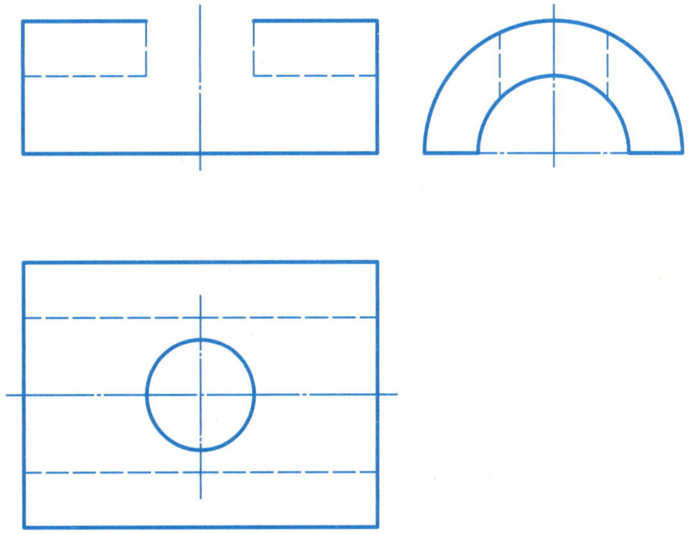

3-29. 求作圆柱与半球相贯线的投影。

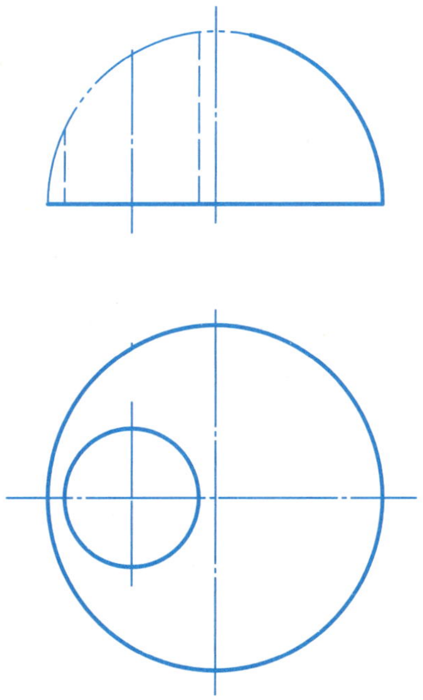

3-26. 补画出相贯线的投影。

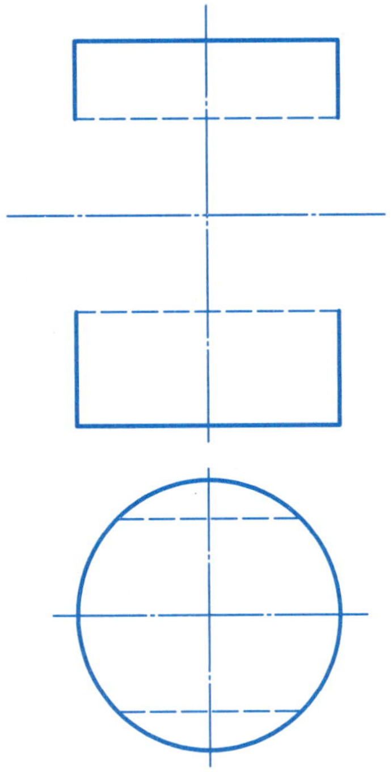

3-28. 求作立体相贯线的投影。

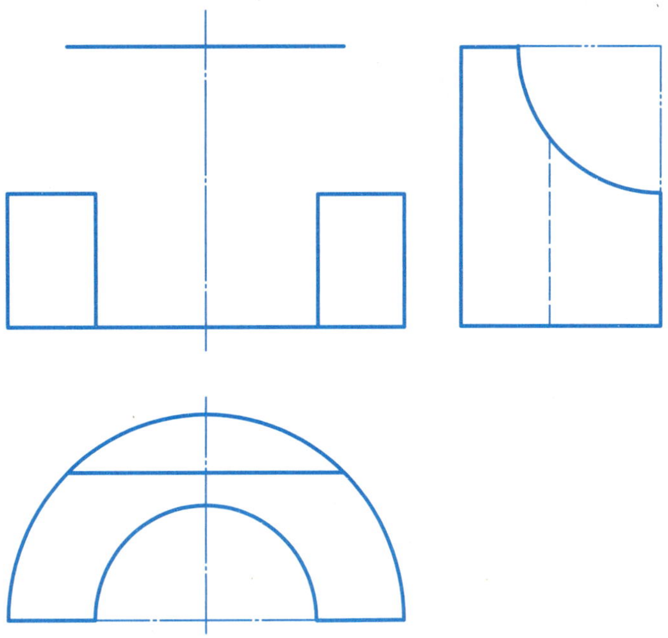

3-30. 求作圆柱与圆锥相贯线的投影。

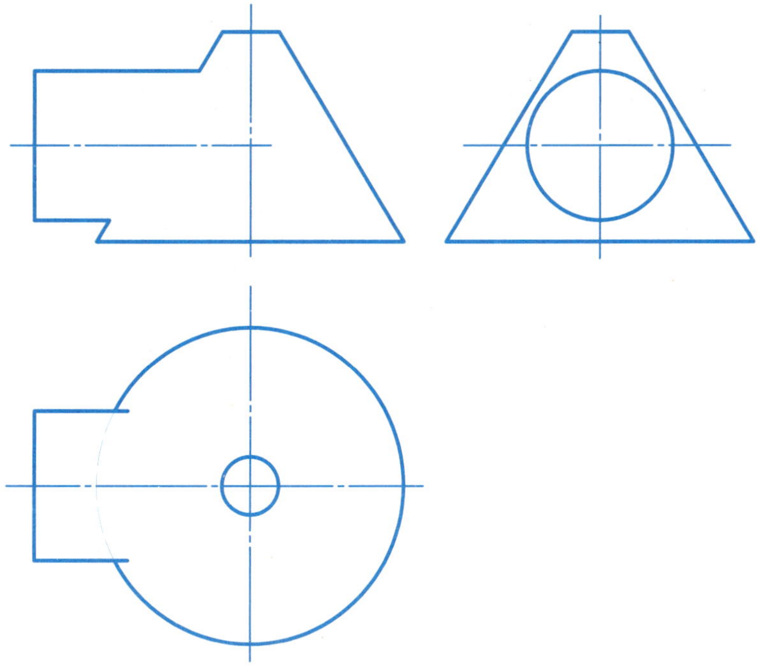

3-31. 补画出相贯线的投影。

（1）

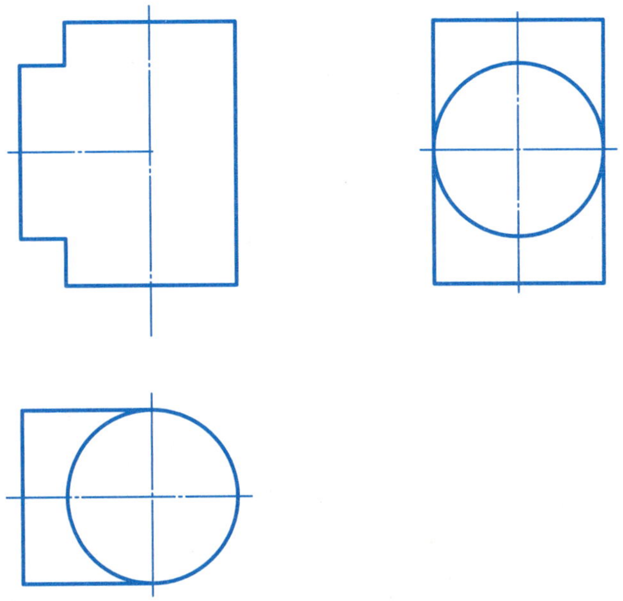

（2）

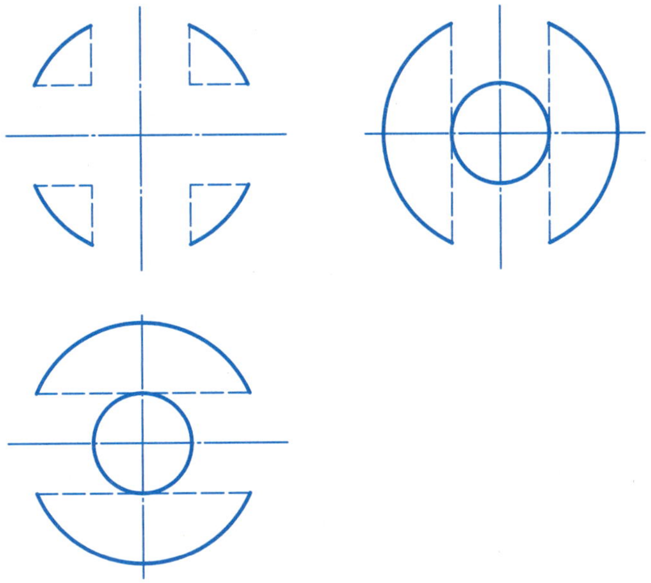

3-32. 根据主视图和俯视图，画出左视图。

（1）

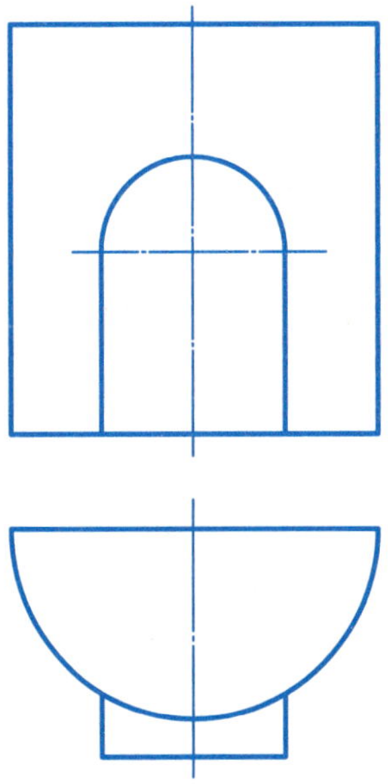

（2）

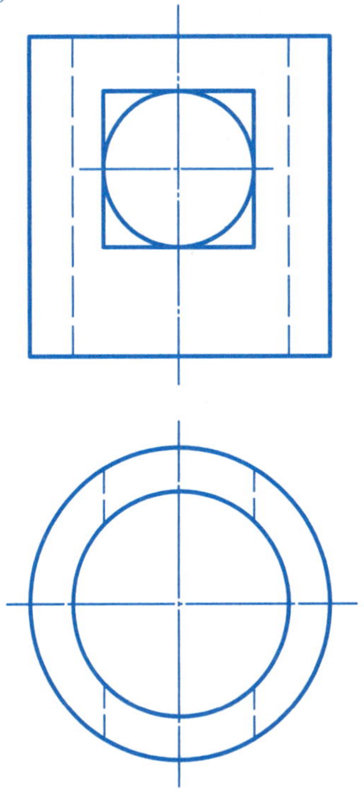

3-33. 补画相贯线的水平投影，画出立体的左视图。

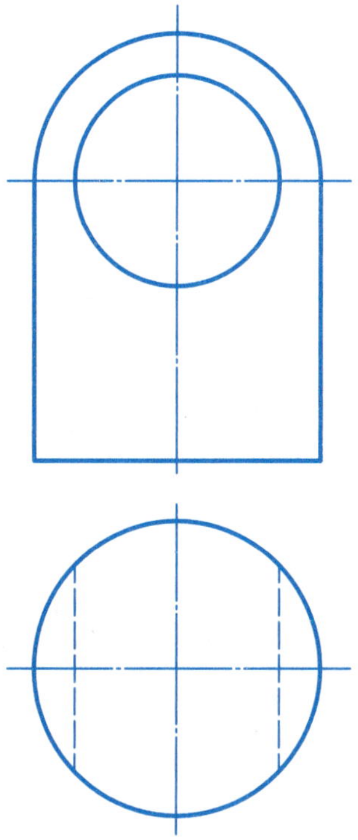

*3-34. 求圆柱与圆柱和圆锥台相贯线的投影。

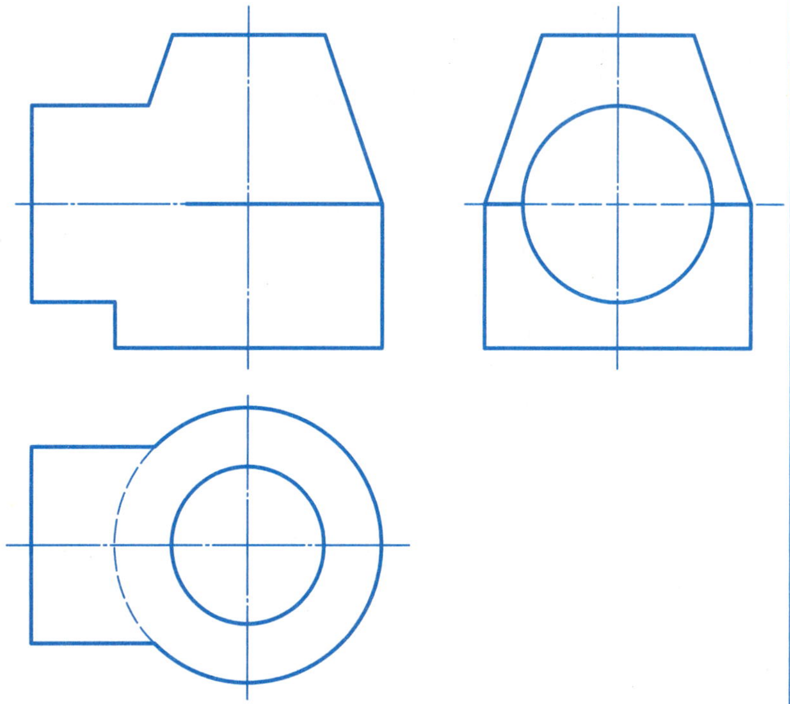

4. 组合体——选择各个三视图对应的立体

班级　　　　姓名　　　　学号

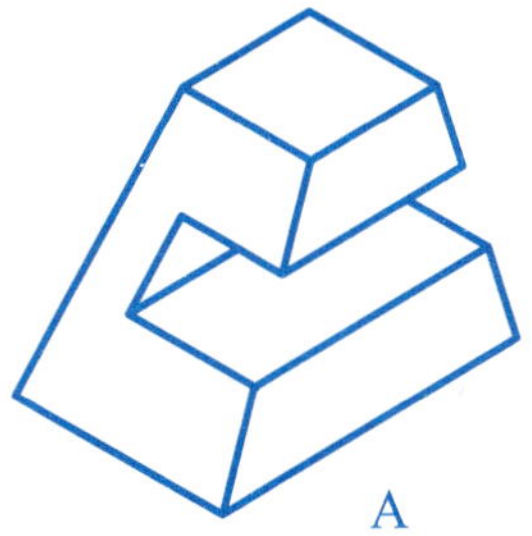
A

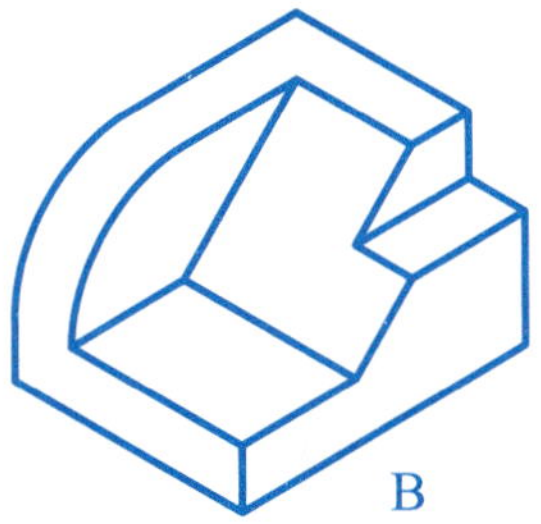
B

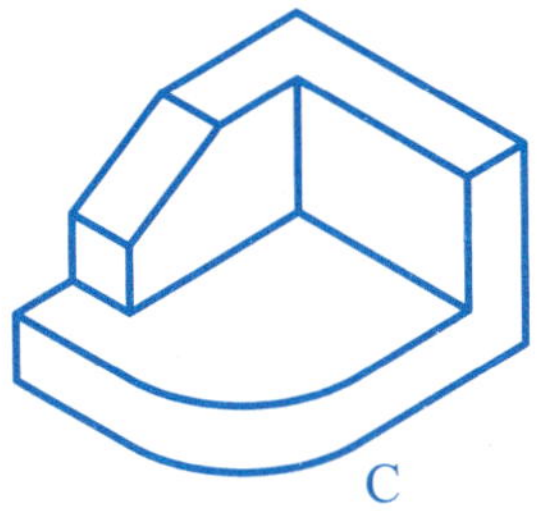
C

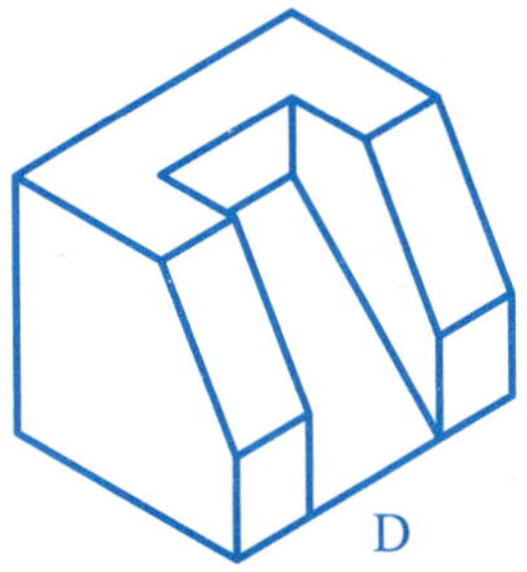
D

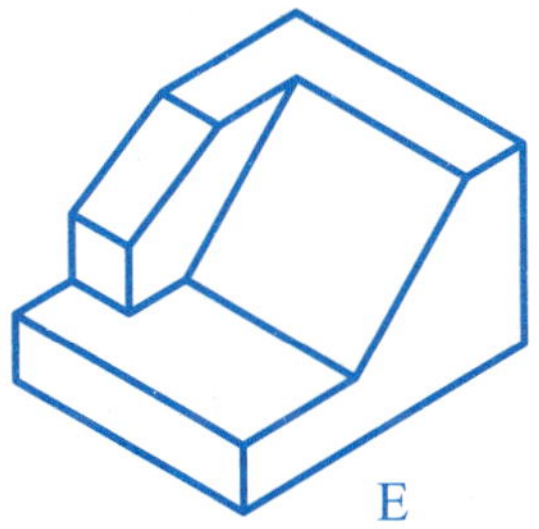
E

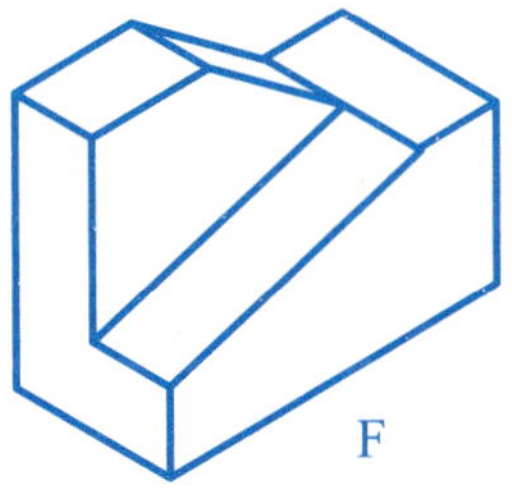
F

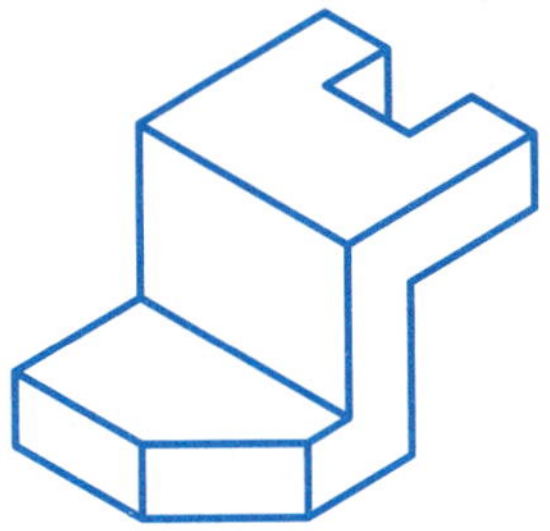
G

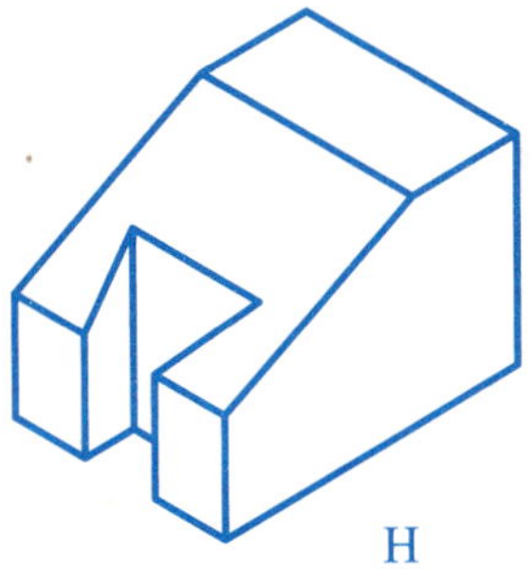
H

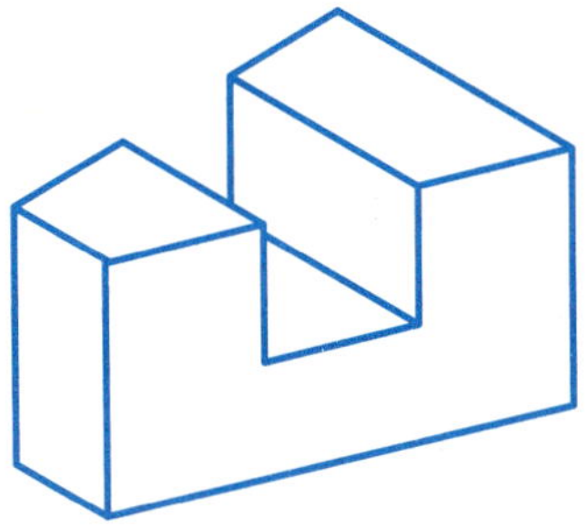
I

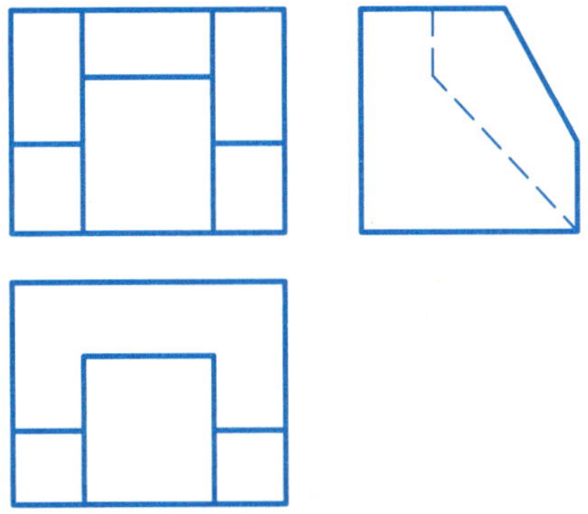
(1) ________

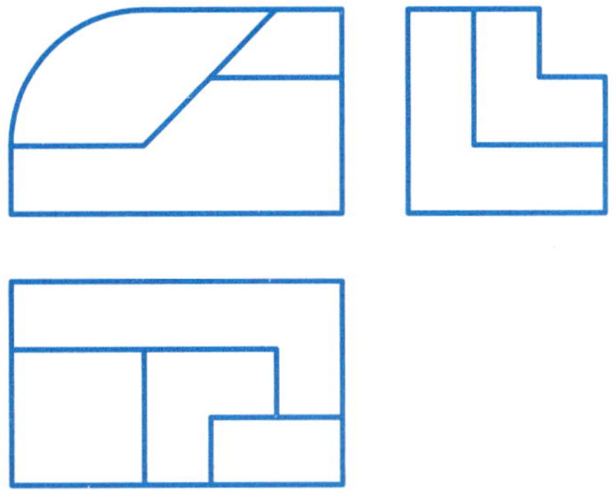
(2) ________

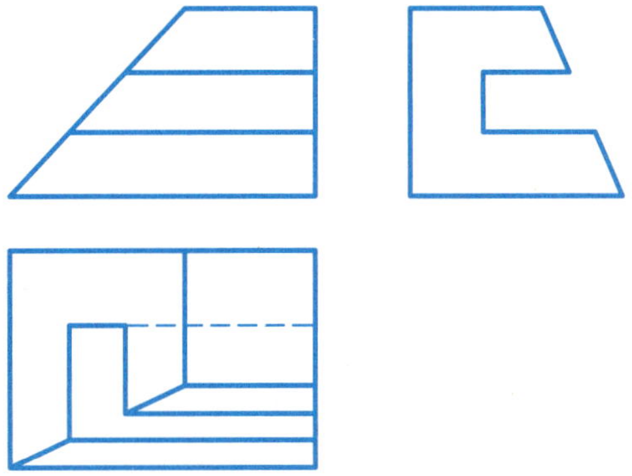
(3) ________

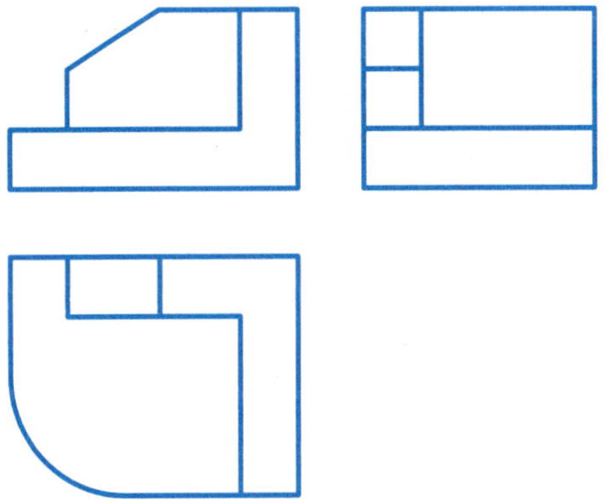
(4) ________

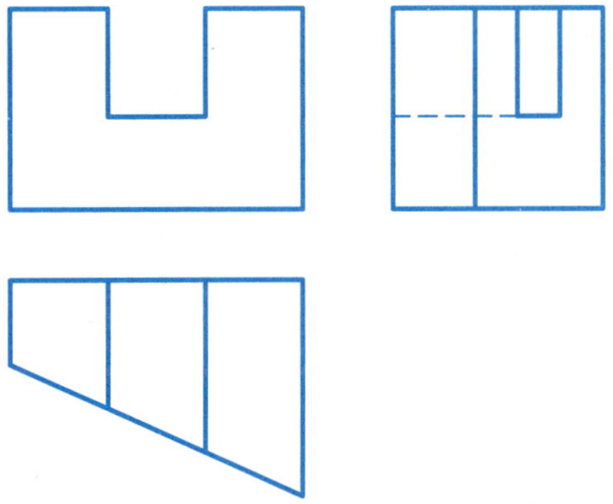
(5) ________

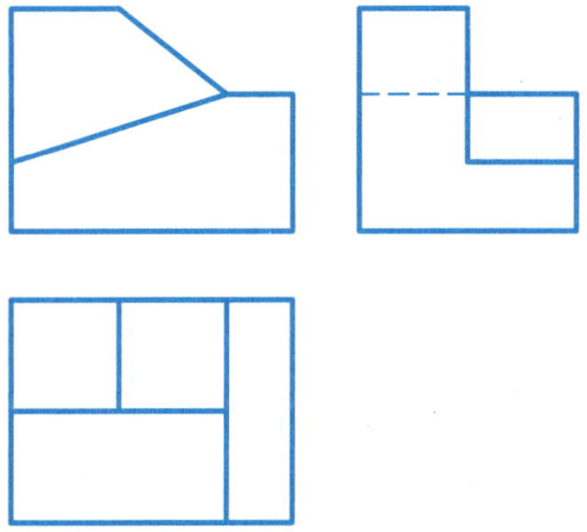
(6) ________

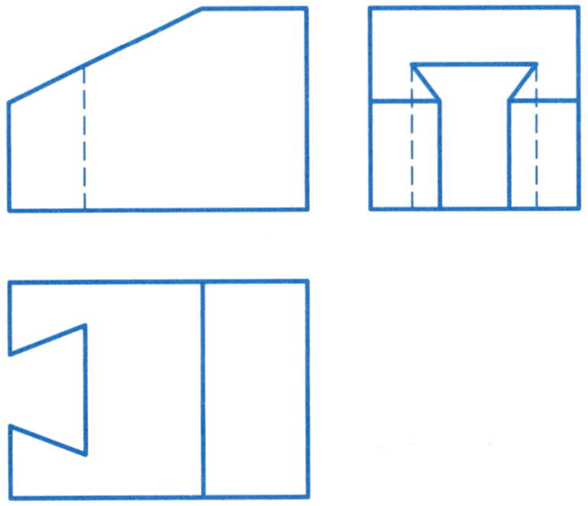
(7) ________

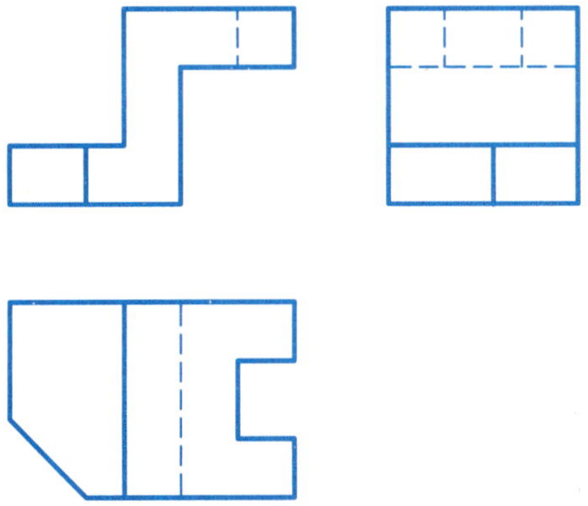
(8) ________

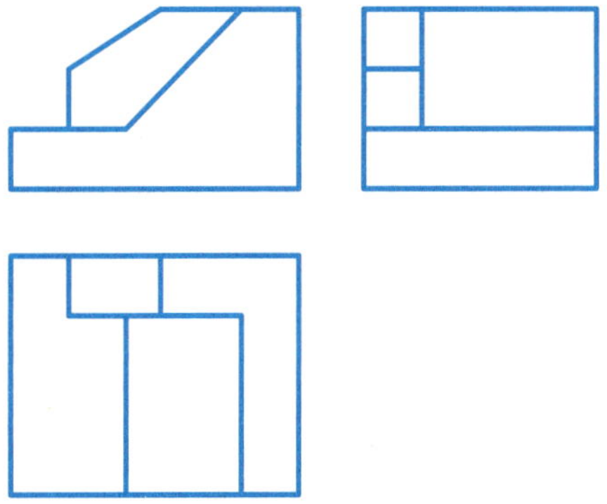
(9) ________

4-1.

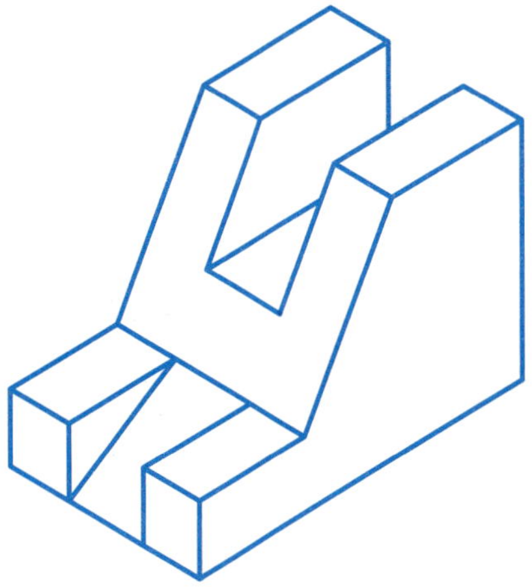

4-3.

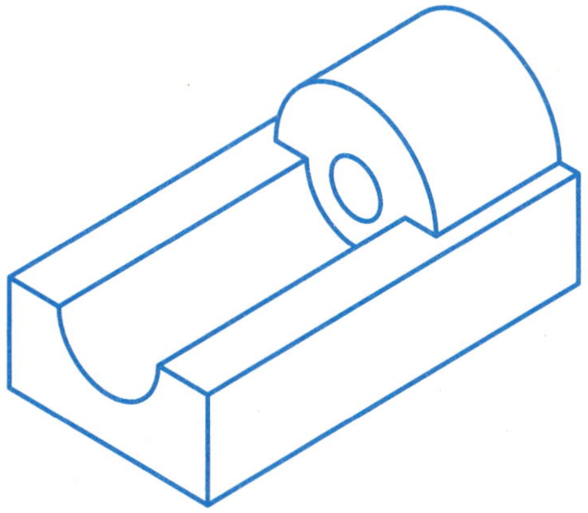

4-2.

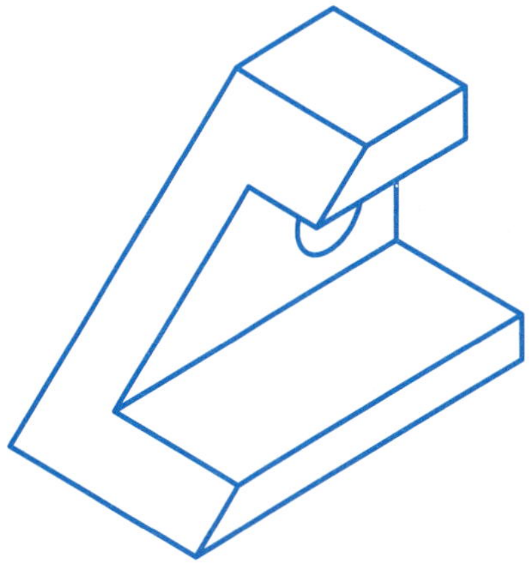

4-4.

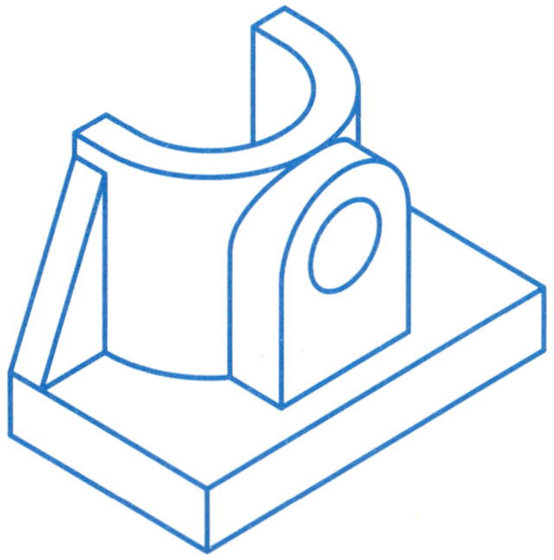

4-5.

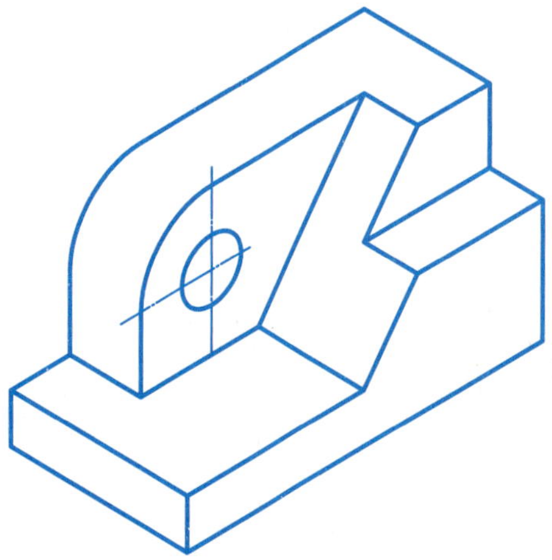

4-7.

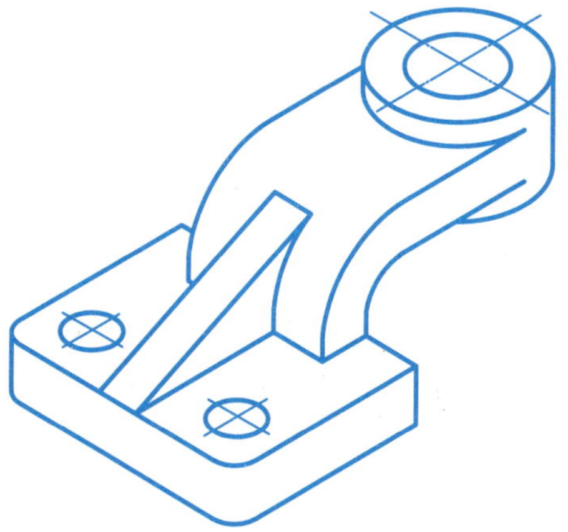

4-6.

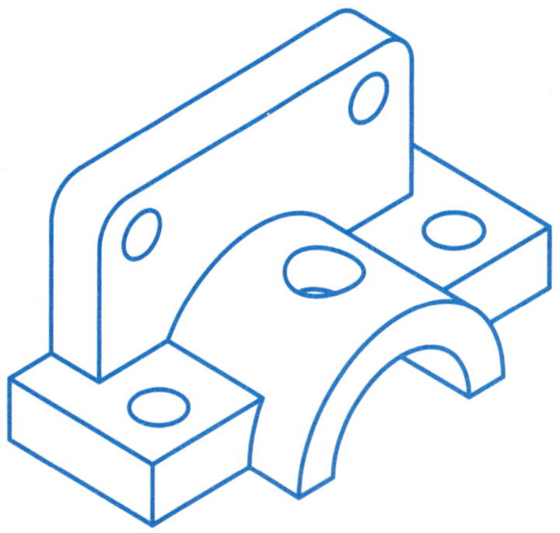

4-8.

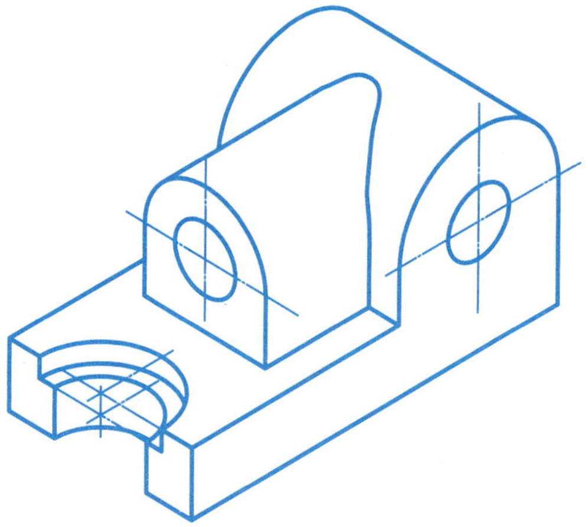

4-9. 补画左视图。

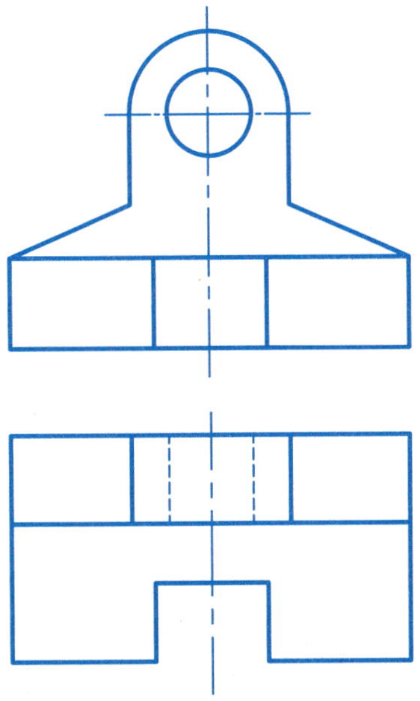

4-11. 补画俯视图。

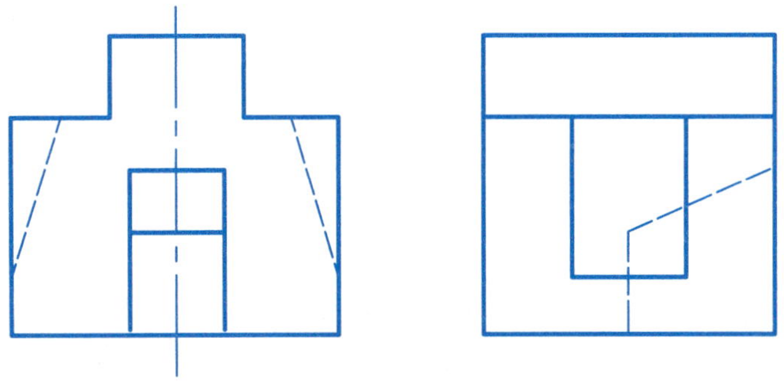

4-13. 补画俯视图。

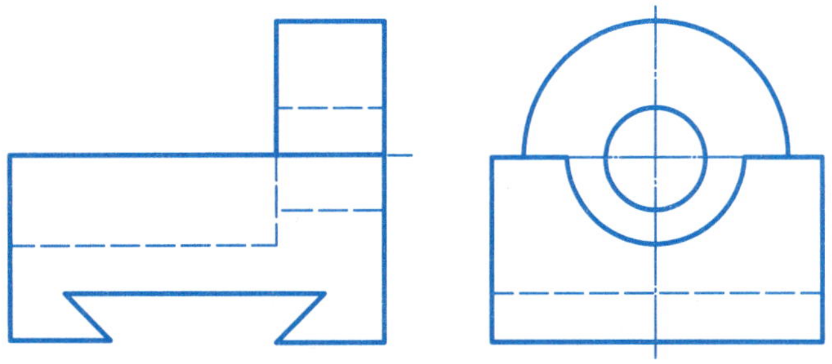

4-10. 补画左视图。

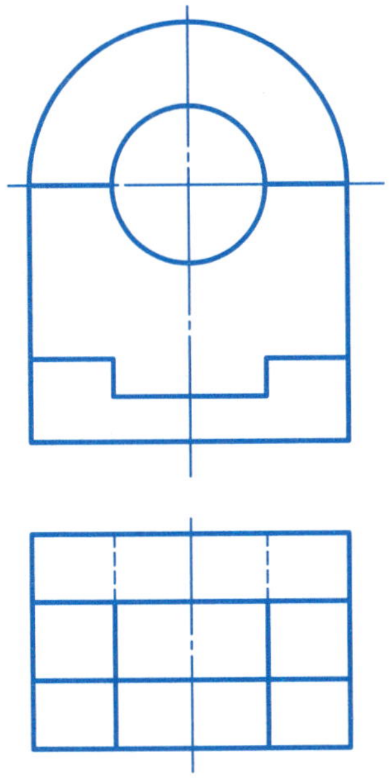

4-12. 补画左视图。

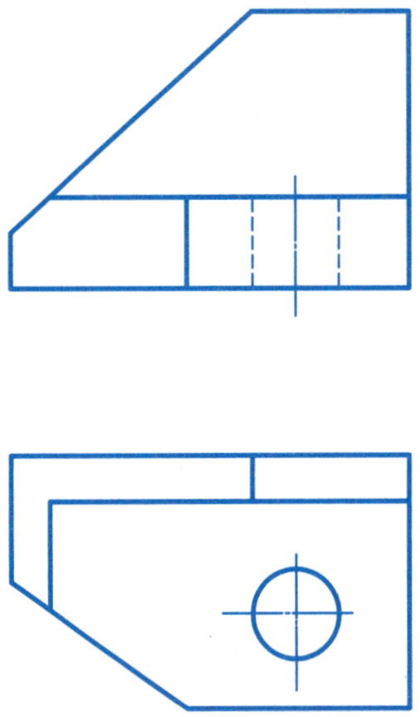

4-14. 补画左视图。

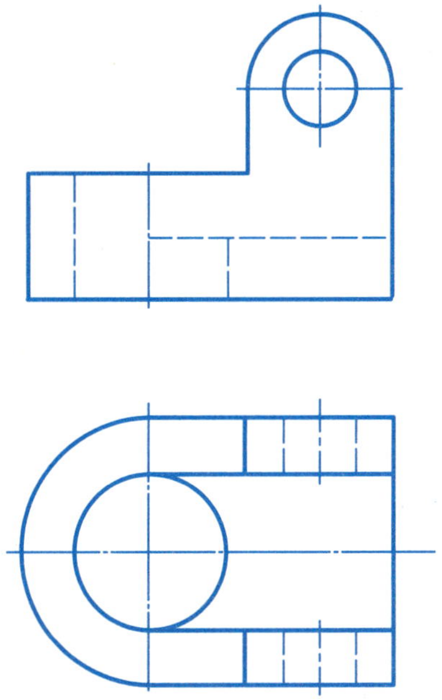

4-15. 补画左视图。

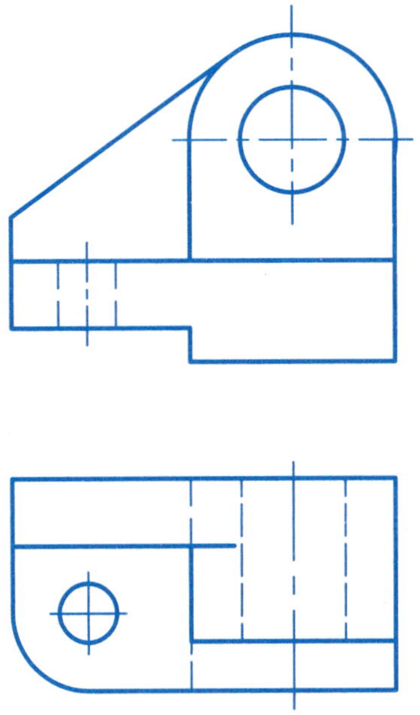

4-16. 补画俯视图。

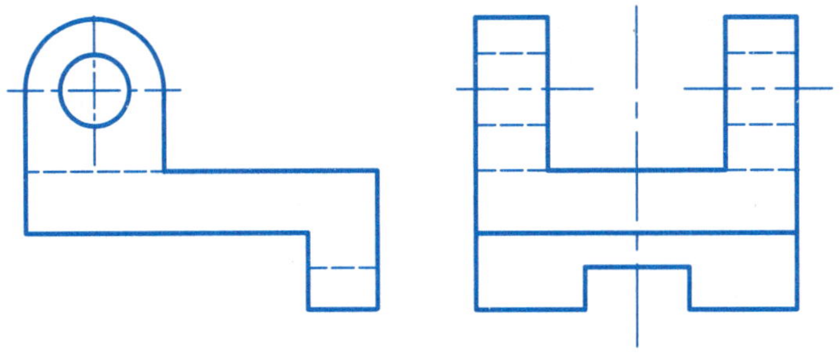

4-17. 补画左视图。

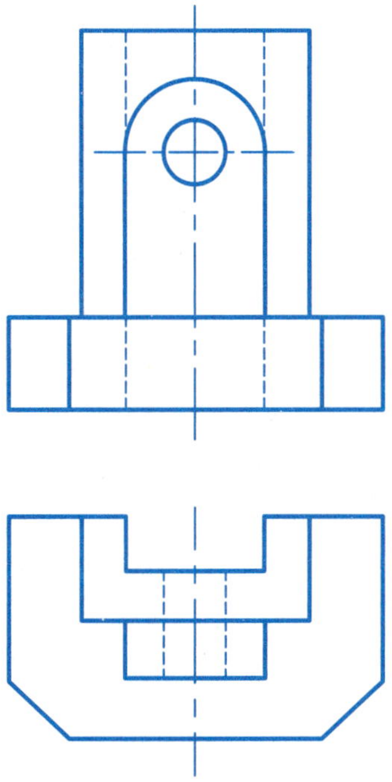

4-18. 补画左视图。

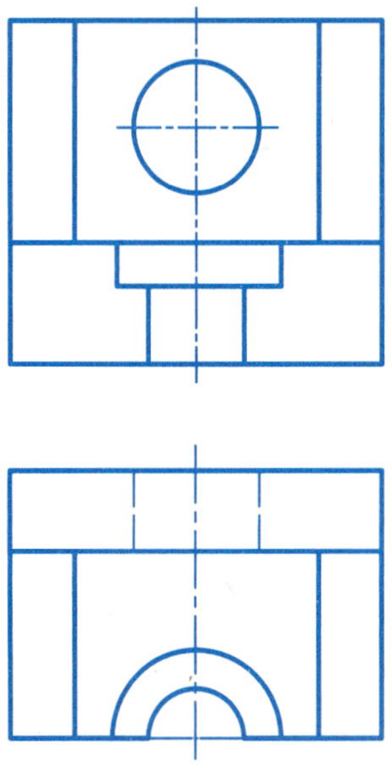

4-19. 补画左视图。

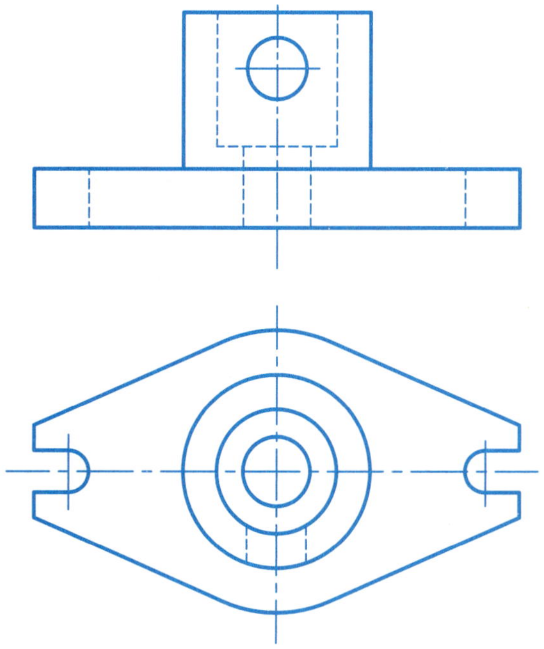

4-20. 补画左视图。

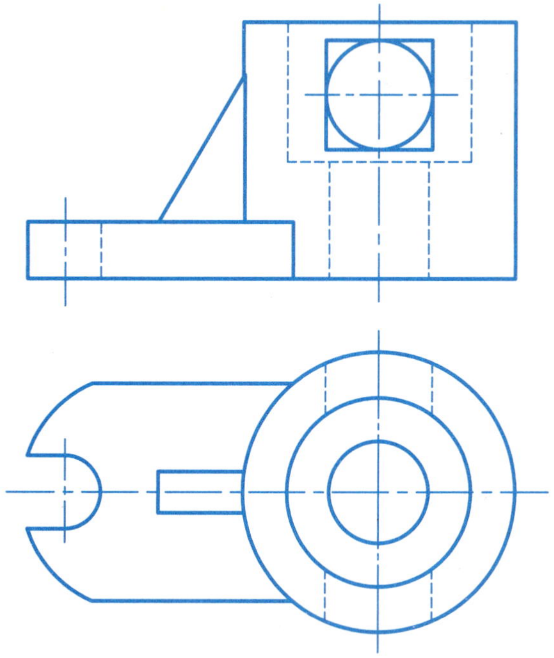

4-21. 补画俯视图。

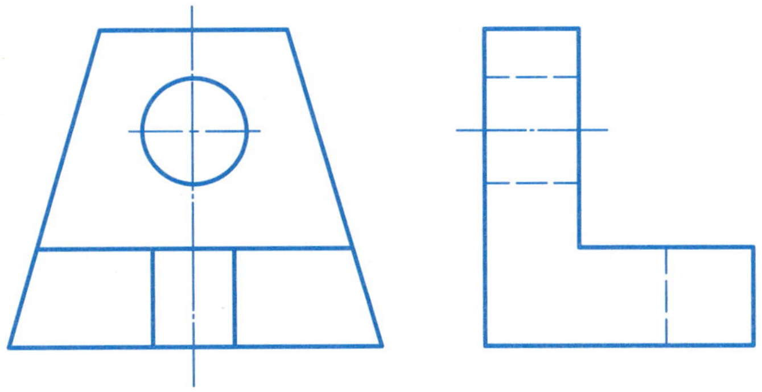

4-22. 补画左视图。

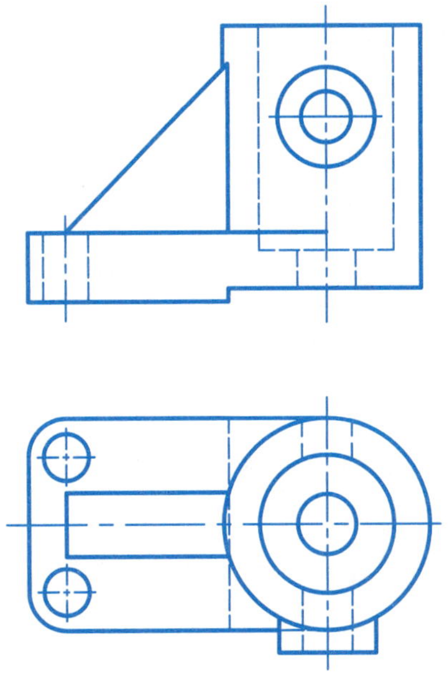

4-23. 补画左视图。

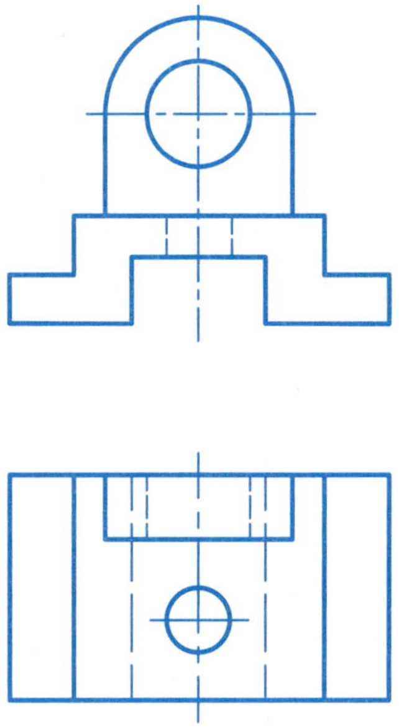

4-24. 补画左视图。

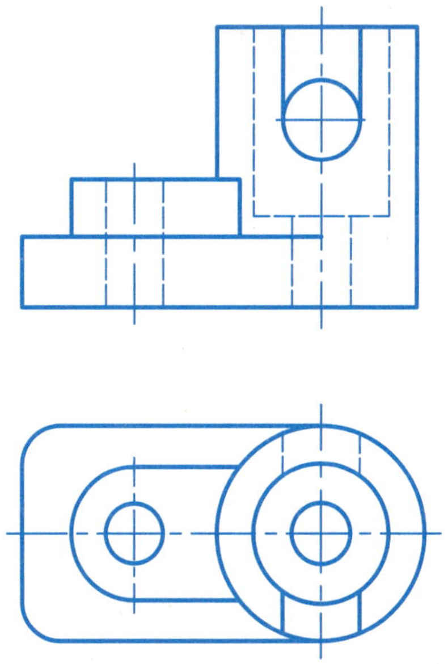

4-25. 补画俯视图。

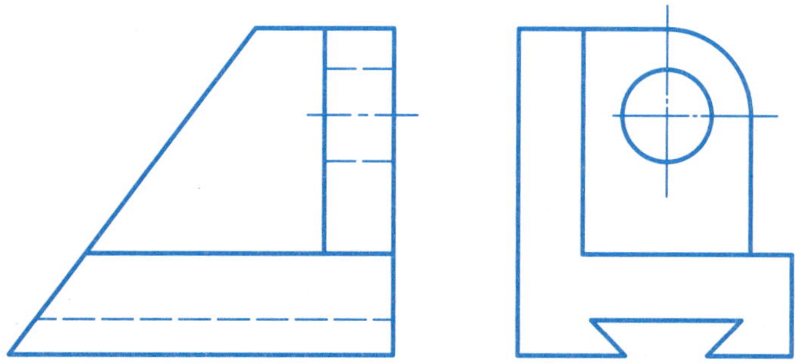

4-26. 补画左视图。

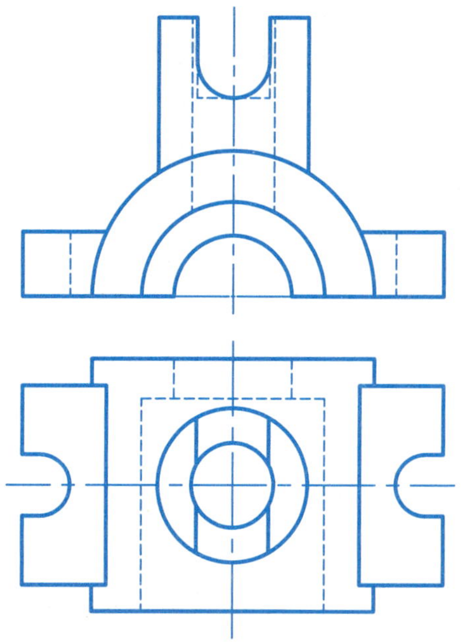

4. 组合体——补画视图中的漏线

班级　　　　姓名　　　　学号

4-27.

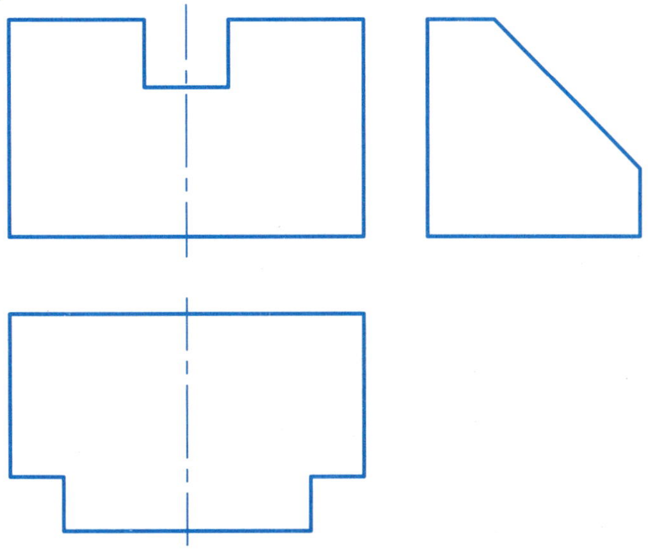

4-28.

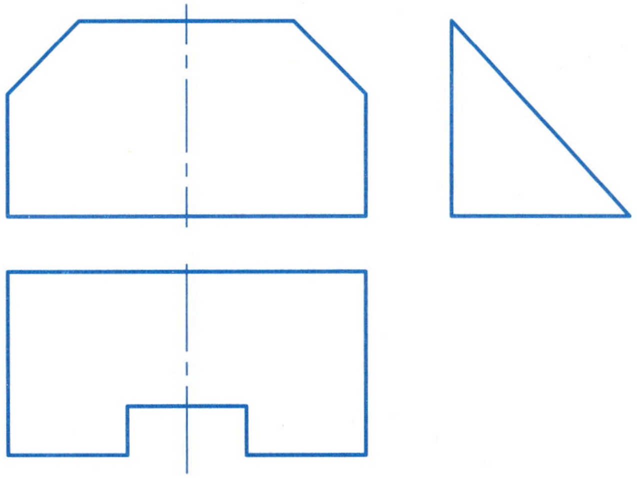

4-29.

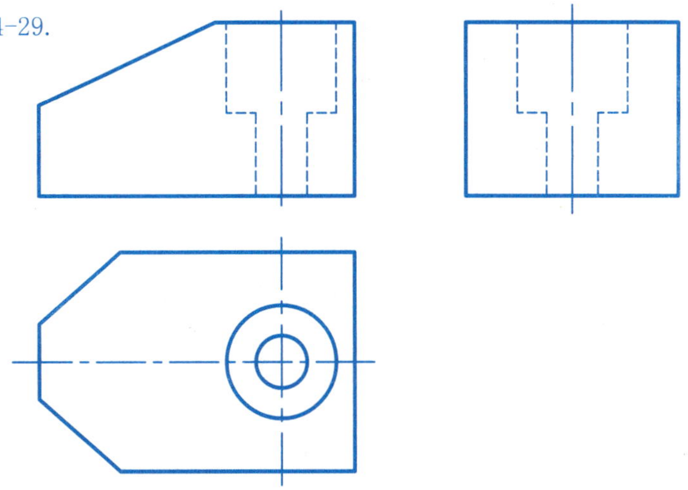

4-30.

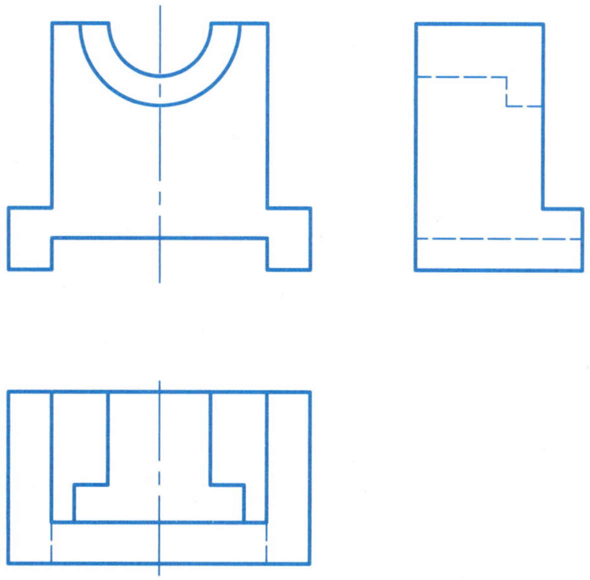

4-31.

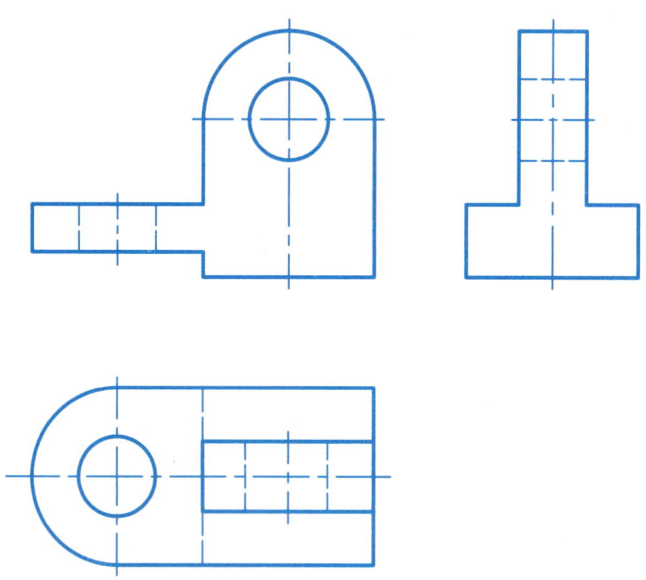

4-32.

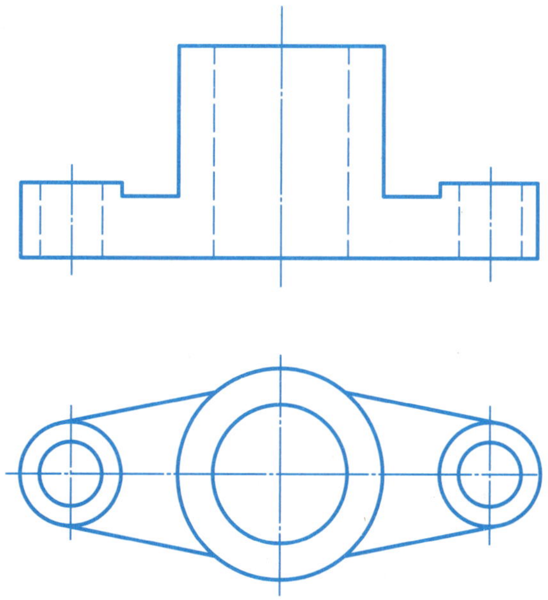

4-33.

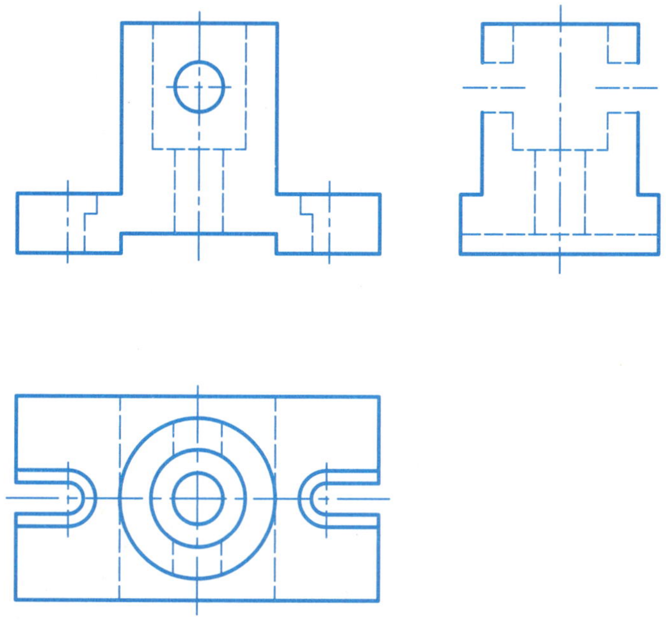

4-34. 根据对组合体的形体分析，先标注基本形体尺寸，后标注组合体尺寸。

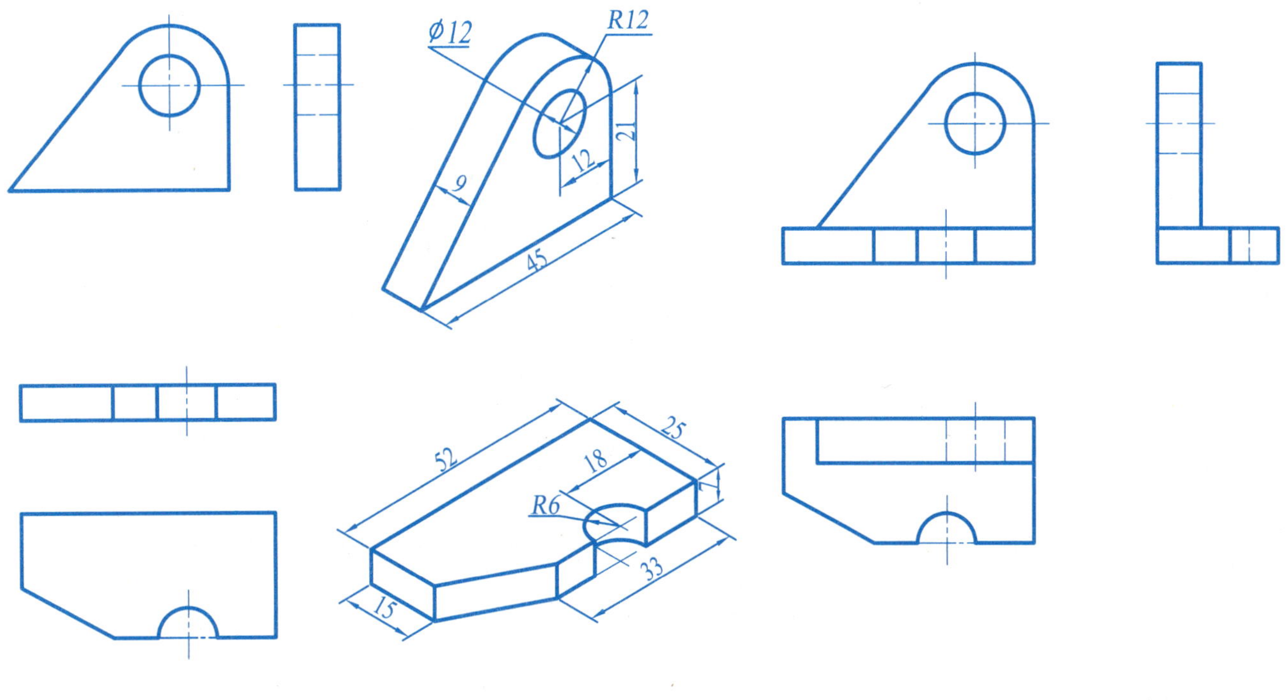

4-36. 由组合体的主、俯视图补出对应的左视图（至少三种）。

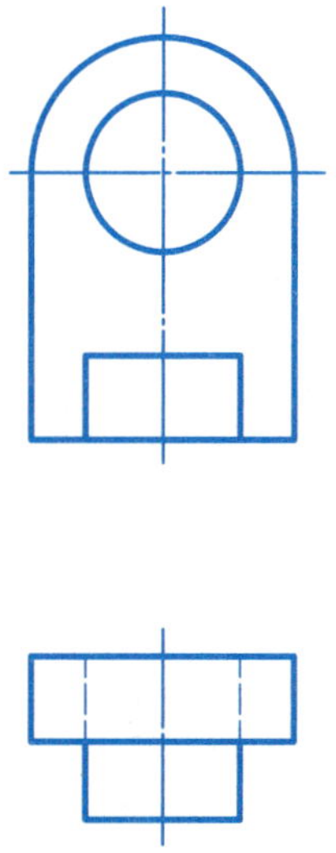

4-35. 由组合体的视图按1:1比例标注尺寸。

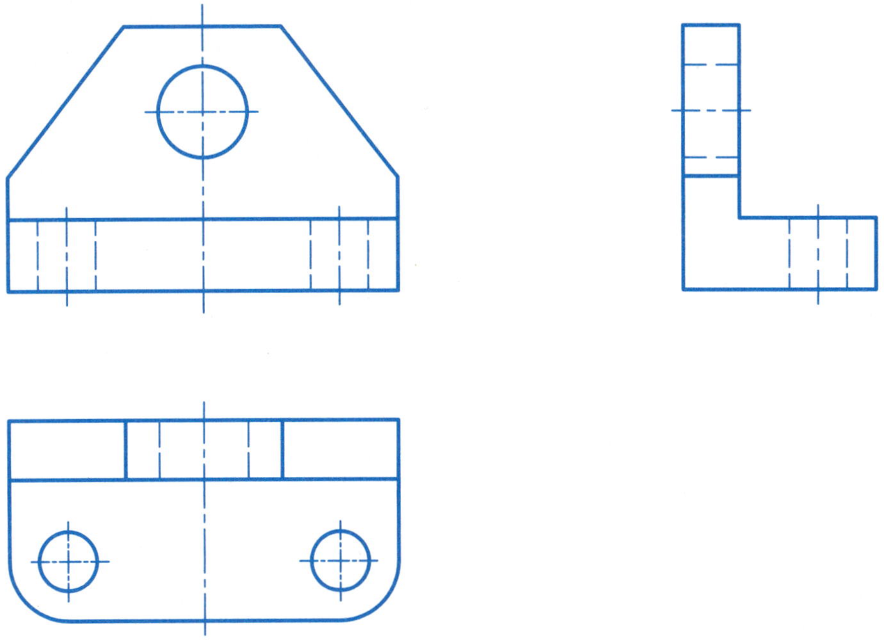

4-37. 根据俯视图，构想四个不同的组合体，使补出后的形体包含圆柱、圆锥和圆球。

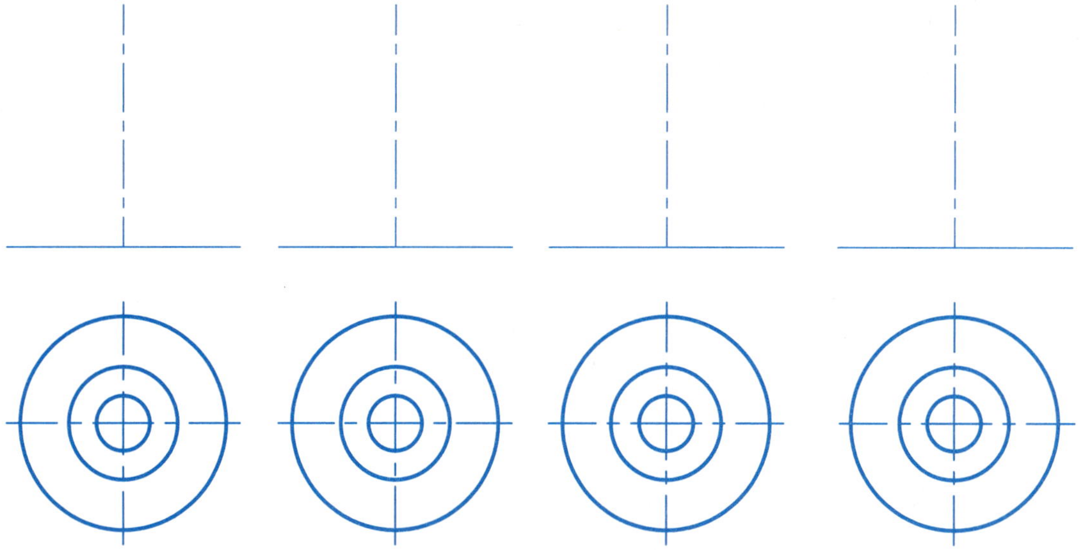

5-1. 根据视图画正等轴测图。

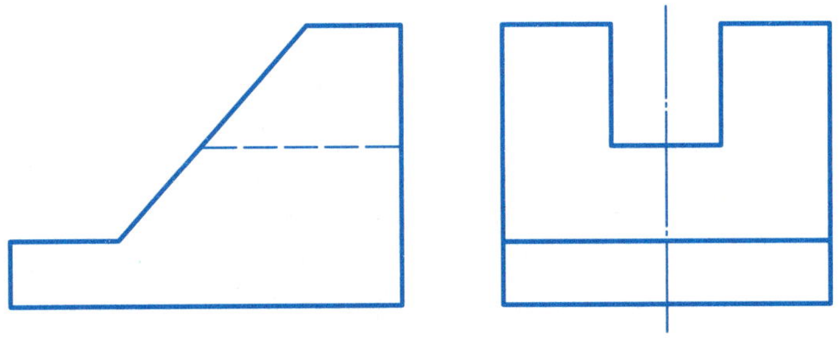

5-3. 根据视图画斜二轴测图。

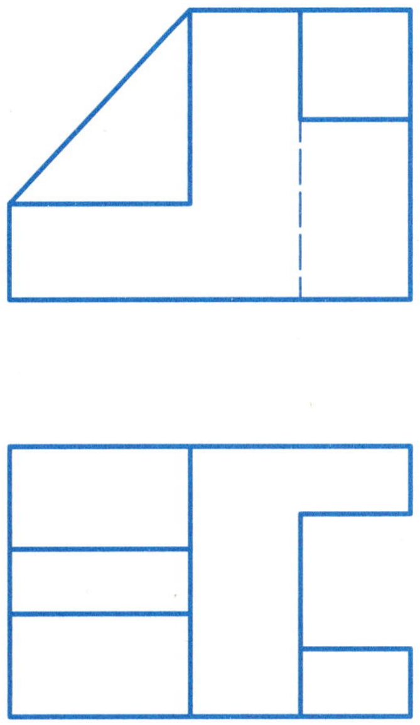

5-2. 根据视图画正等轴测图。

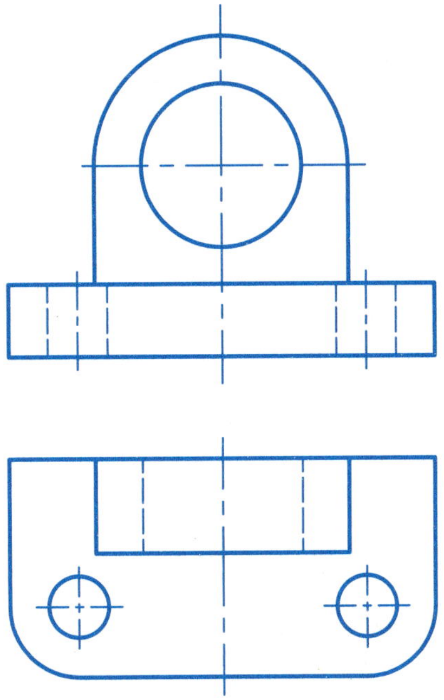

5-4. 根据视图画斜二轴测图。

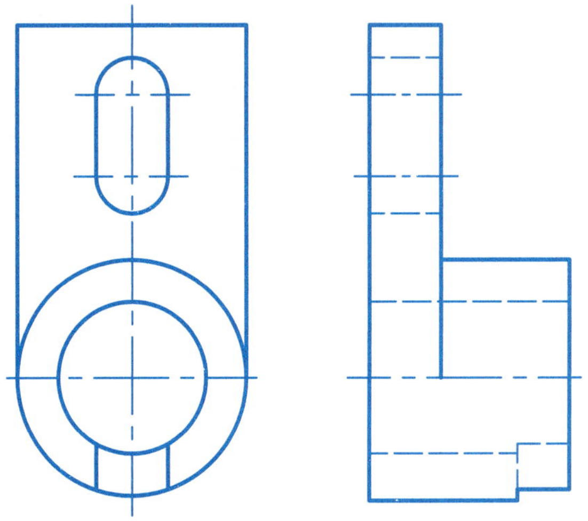

6-1.画出物体的其余四个基本视图。

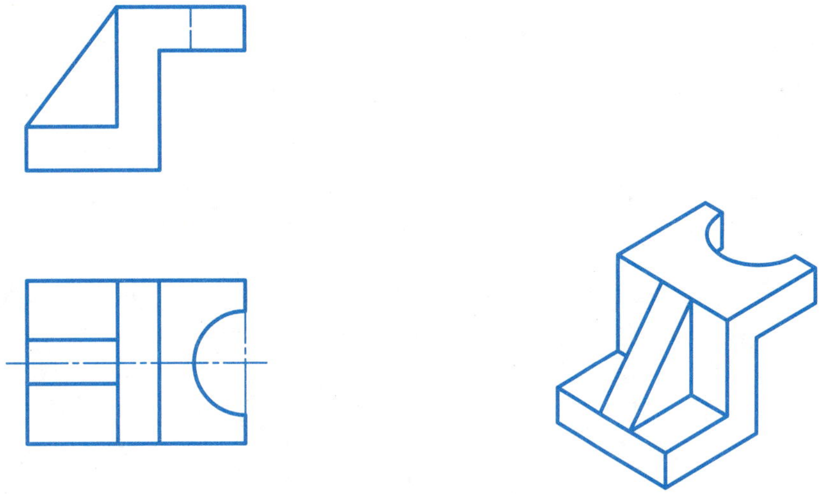

6-3. 画出A向局部视图。

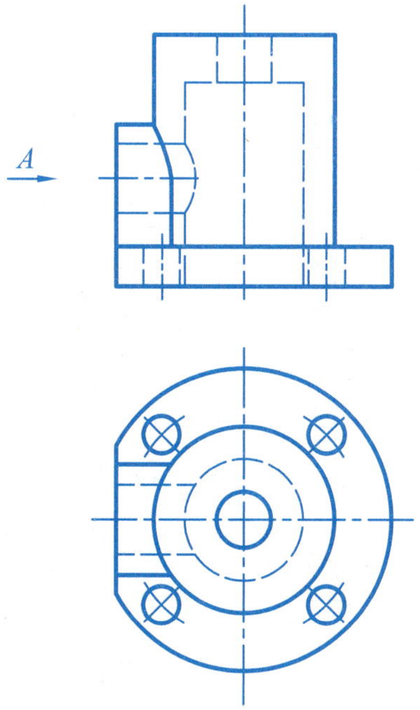

6-2. 画出A向局部视图和B向局部的斜视图。

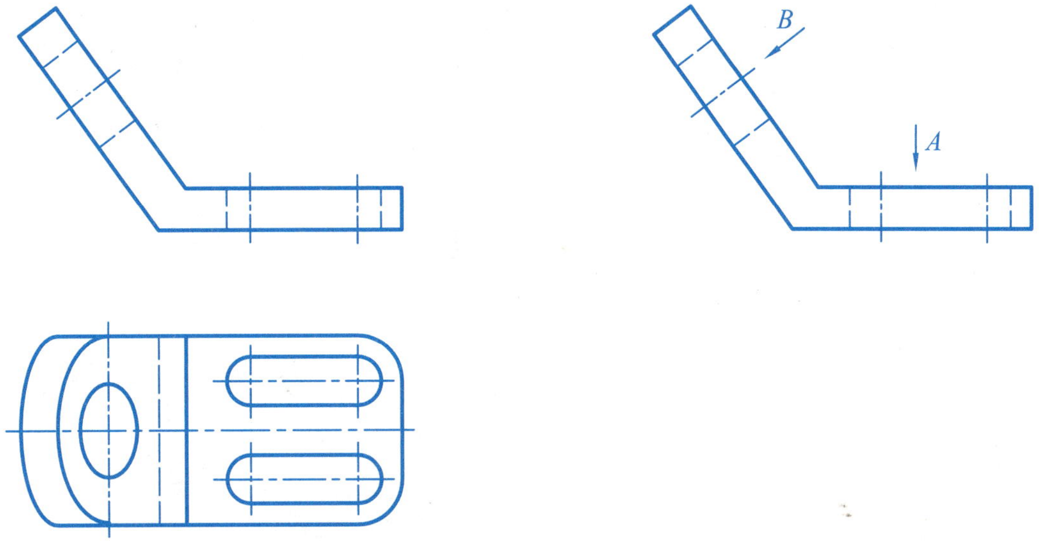

6-4. 在指定位置作局部视图和斜视图。

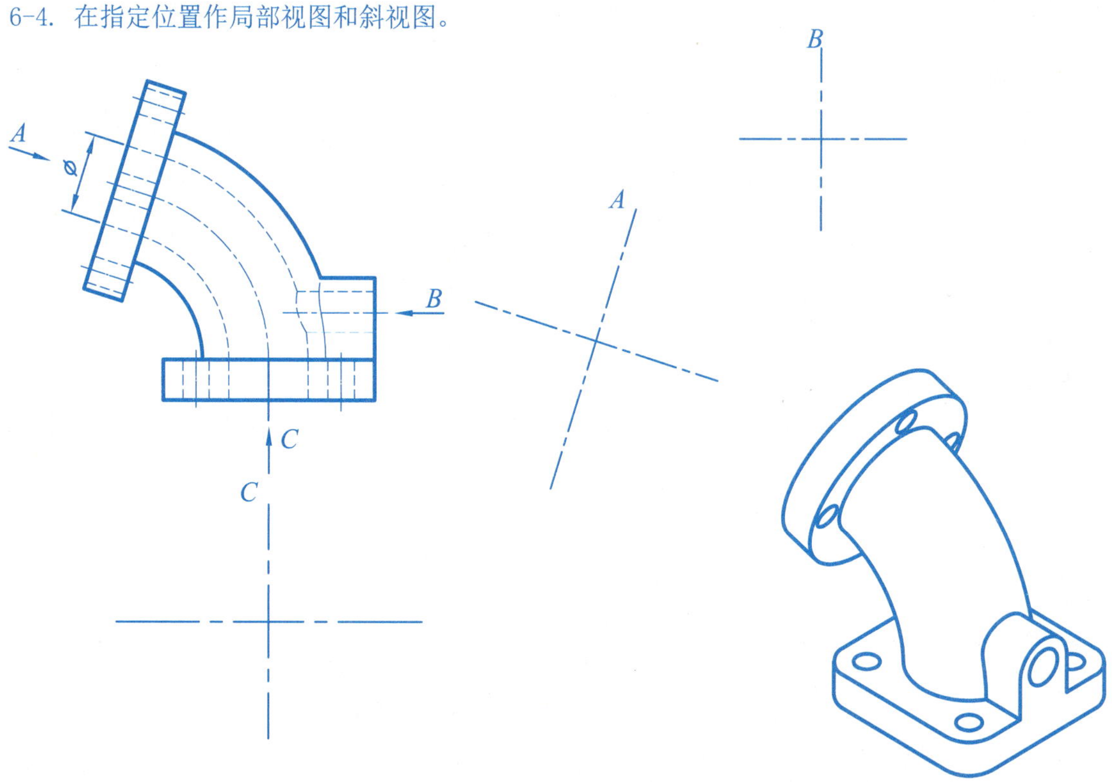

6-5. 用单一剖的方法将主视图改画成全剖视图。

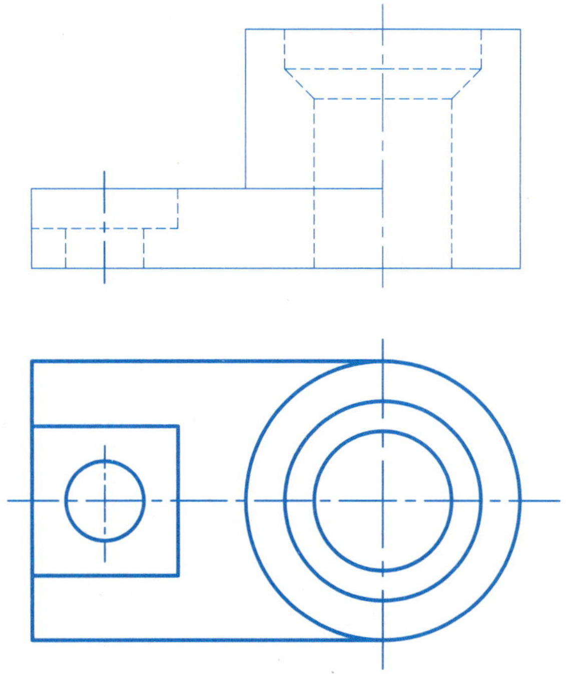

6-7. 用单一剖的方法将主视图改画成全剖视图。

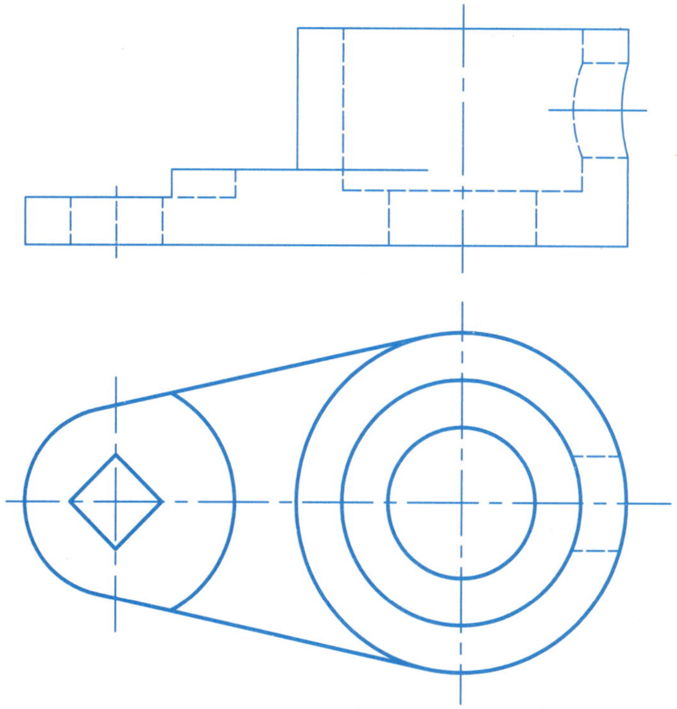

6-9. 用阶梯剖的方法将主视图改画成全剖视图。

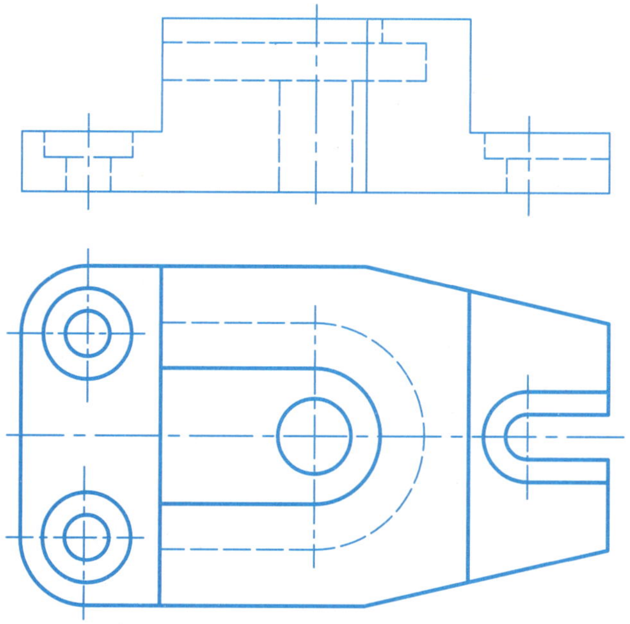

6-6. 用单一剖的方法将主视图改画成全剖视图。

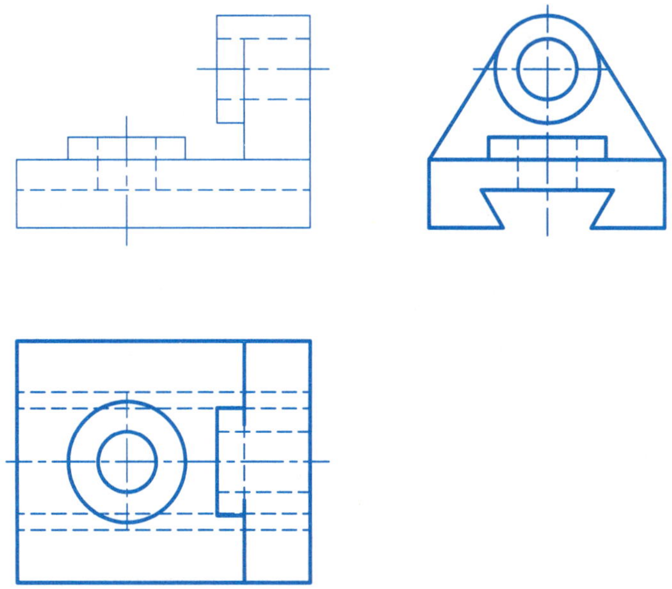

6-8. 用旋转剖的方法将主视图改画成全剖视图。

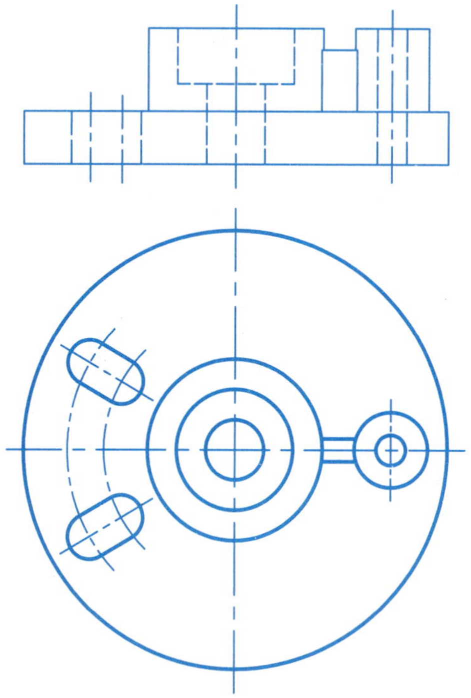

6-10. 用斜剖的方法画出 $B—B$ 全剖视图。

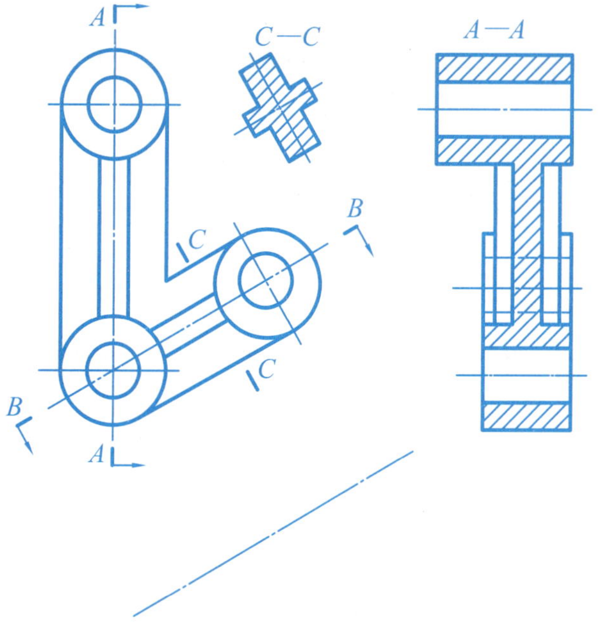

6. 机件的表达方法——半剖视图、局部剖视图

班级　　姓名　　学号　　

6-11. 补画左视图，并用单一剖的方法将主、左视图画成半剖视图。

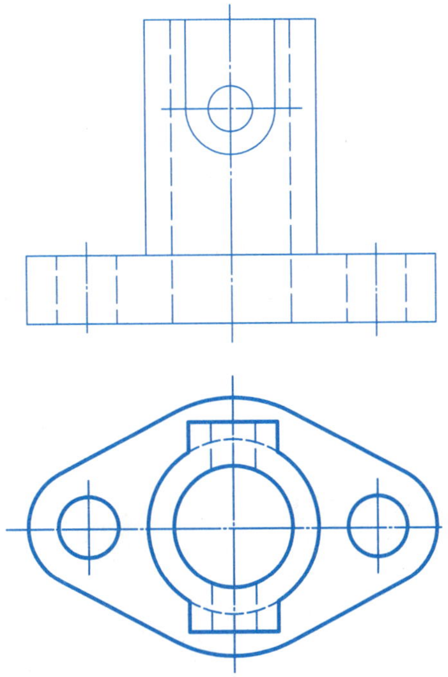

6-13. 补画左视图，并用单一剖的方法将主、左视图画成半剖视图。

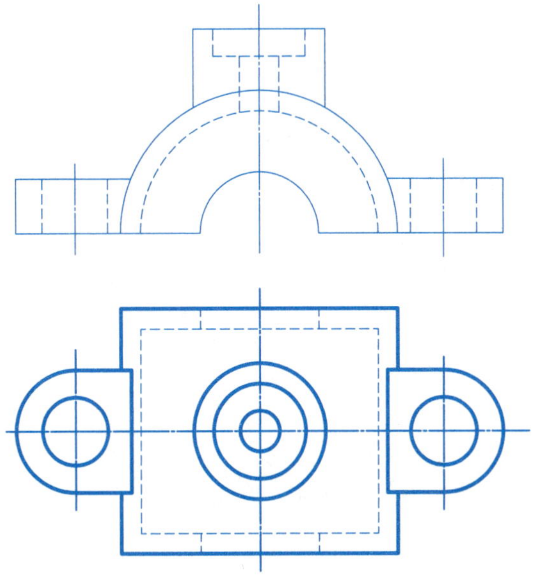

6-15. 用单一剖的方法将主视图改画成局部剖视图。

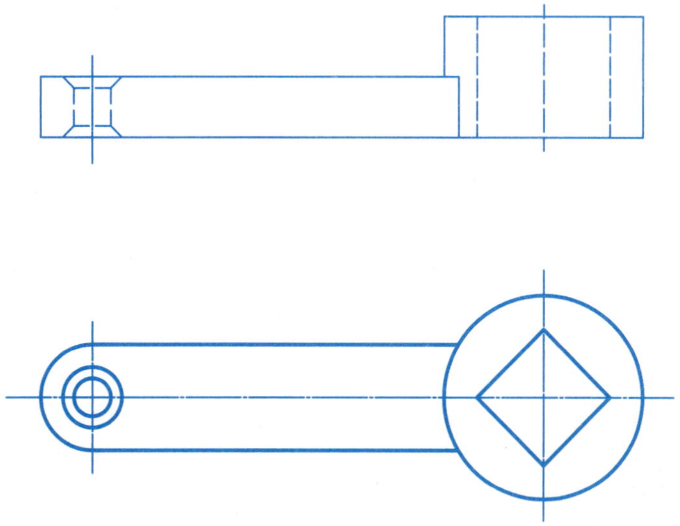

6-12. 补画左视图，并用单一剖的方法将主视图画成半剖视图，左视图画成全剖视图。

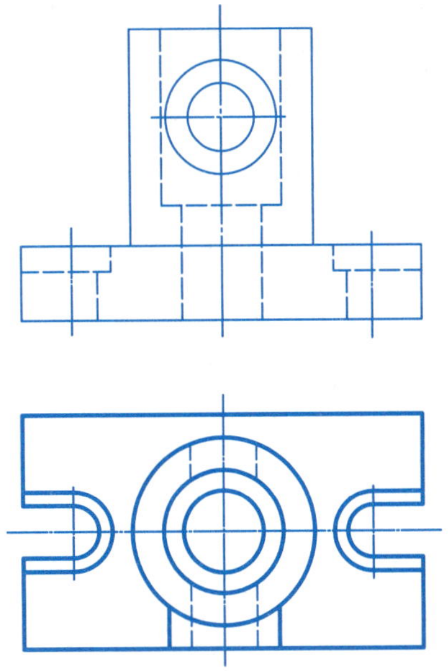

6-14. 补画左视图，并用单一剖的方法将主视图画成半剖视图，左视图画成全剖视图。

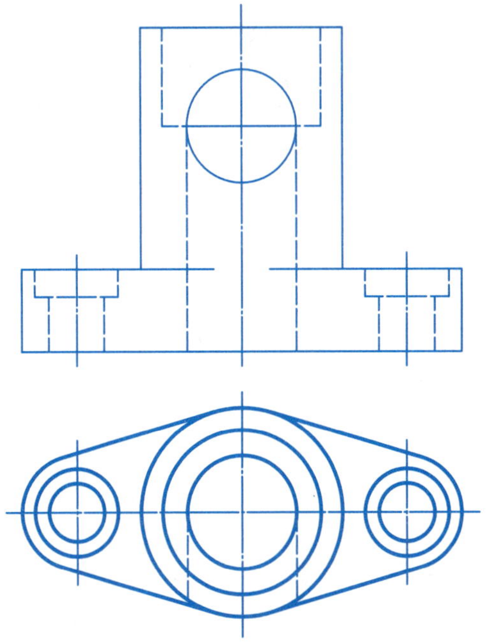

6-16. 用单一剖的方法将左视图改画成局部剖视图。

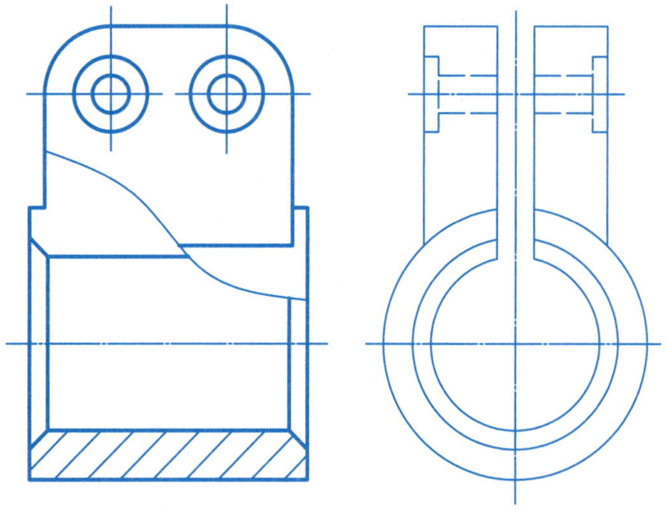

6-17.

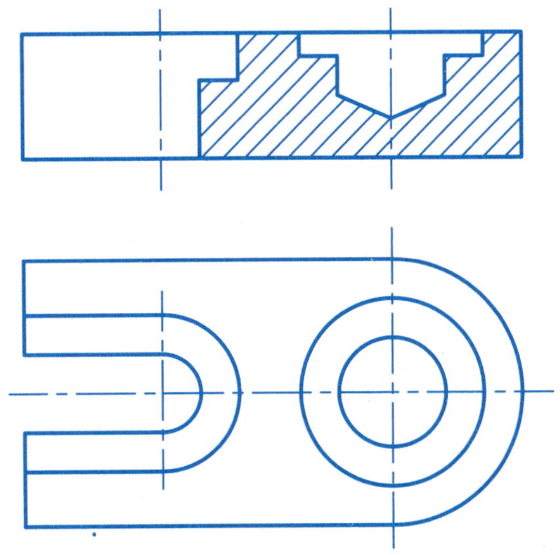

6-19.

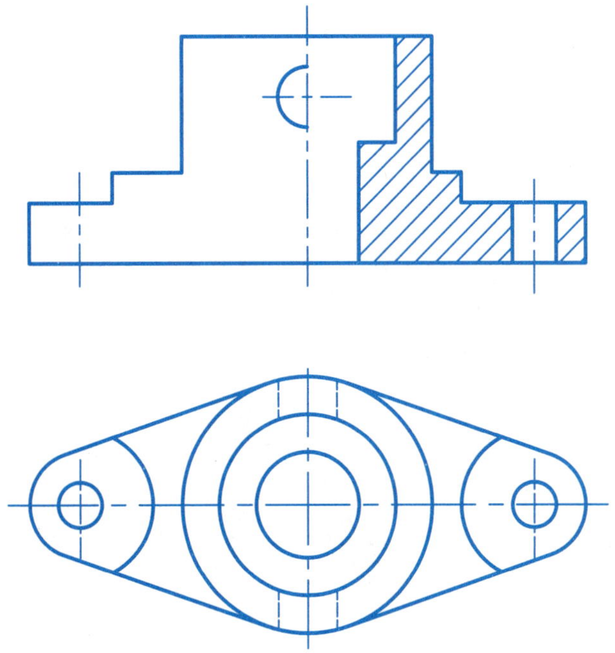

6-21.

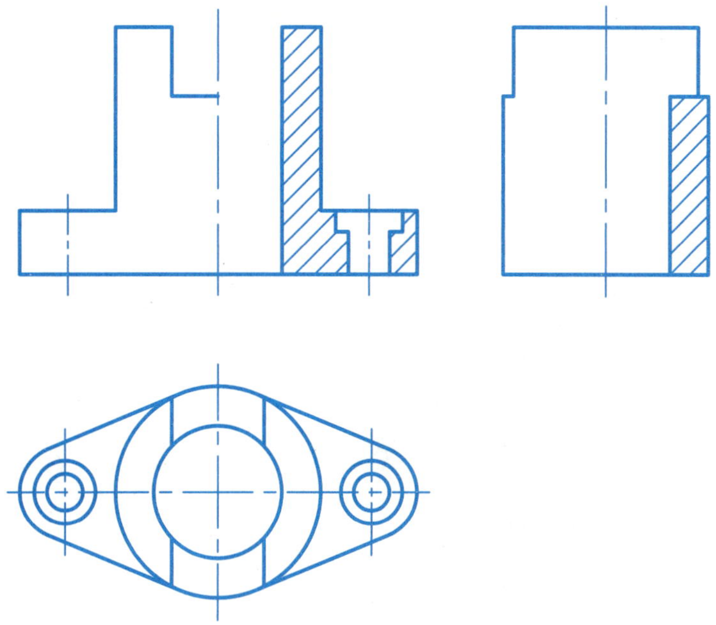

6-18.

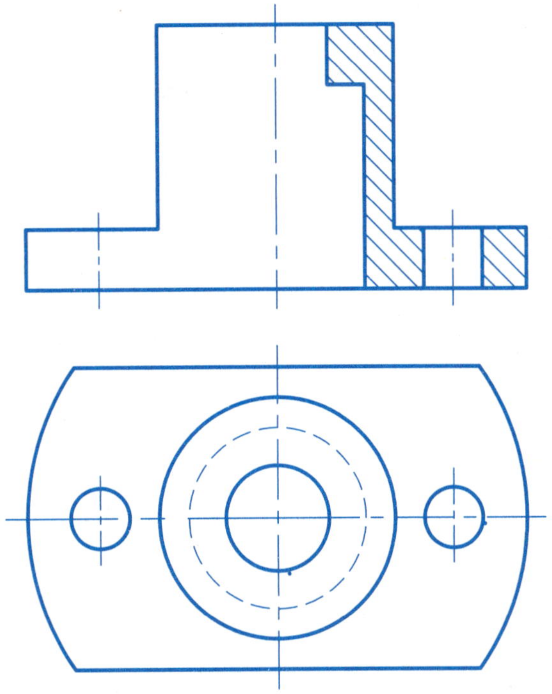

6-20.

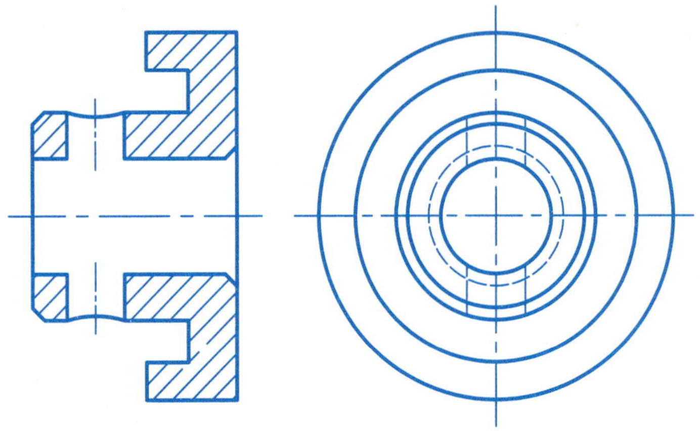

*6-22.

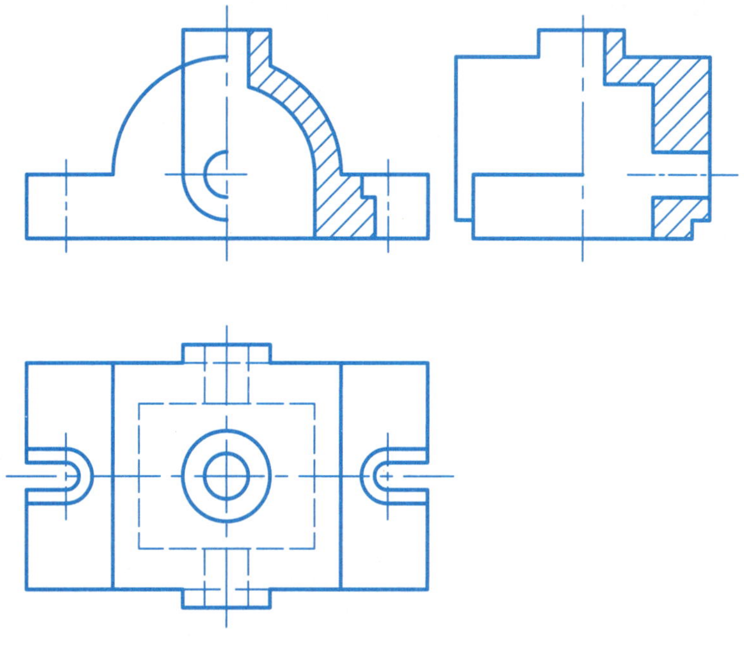

6-23. 在指定位置画出移出断面。

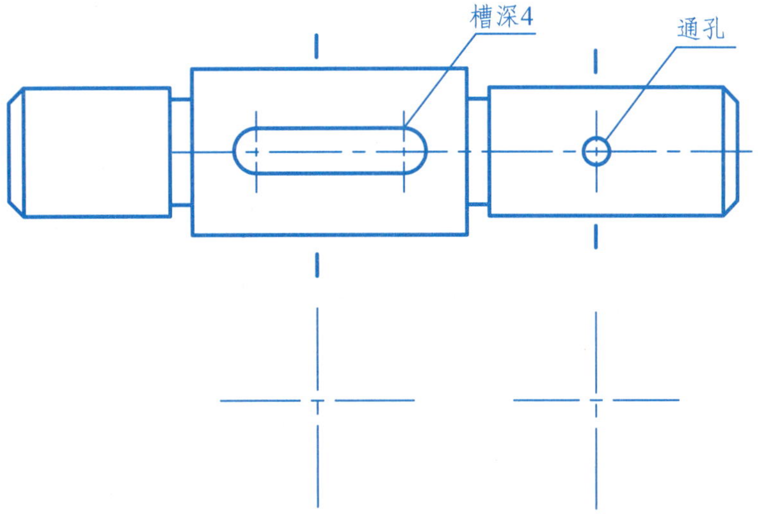

6-25. 在指定位置画出重合断面。

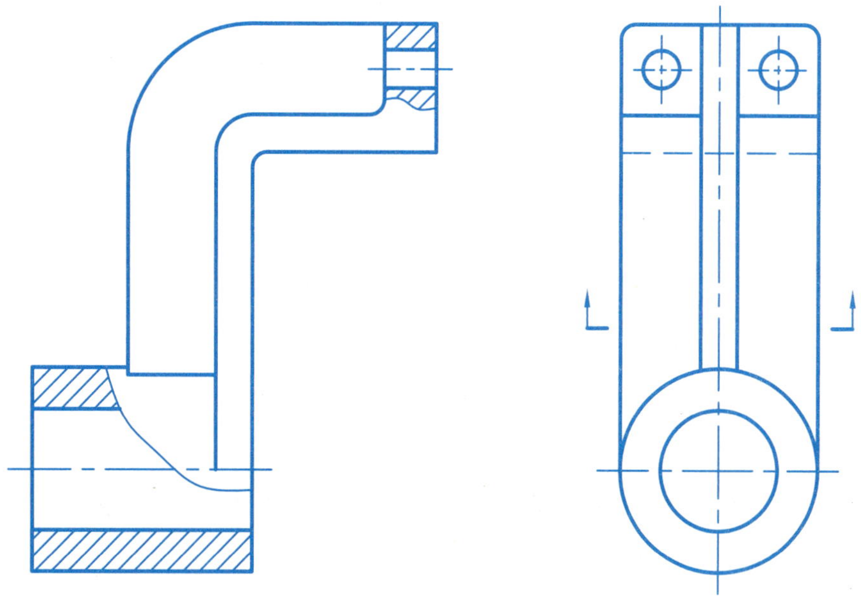

6-24. 在指定位置画出由两个相交的剖切面剖切机件得到的移出断面。

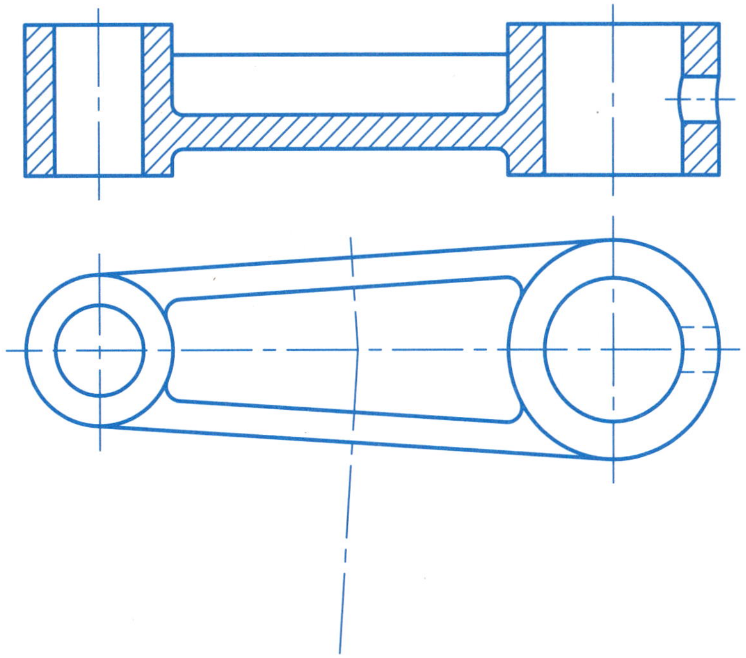

6-26. 在视图的中断处画出移出断面。

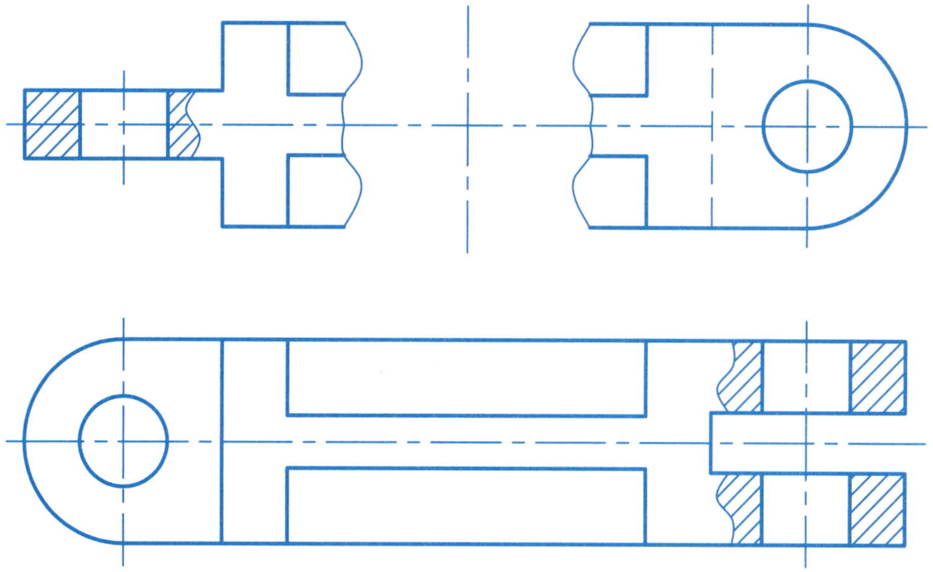

第二次作业指示书

一、作业名称：投影制图

图号：00-02。

绘图比例1:1。

图纸幅面：A3图纸一张、分两栏。

二、作业目的

（1）学习组合体视图的画法、读法及尺寸标注。

（2）学习机件的表达方法。

三、作业要求

（1）能运用形体分析和线面分析法，进行组合体的画图、读图和尺寸标注，做到投影正确、尺寸完整清晰。

（2）掌握各种视图、剖视图、断面图的画法，以及常用的简化画法和其它规定画法，初步做到视图选择和配置恰当。

（3）进一步提高空间想象能力和空间分析能力。

四、作业内容和指示

（一）第一栏

由轴测图画三视图，并将主、左视图画成适当的剖视图，标注尺寸。

（1）在第一栏分题中选作一题。

（2）分析所画组合体，明确相对位置及表面交线。

（3）根据选择主视图的原则，确定主视图，从而相应确定俯视图和左视图，并将主、左视图改画成适当的剖视图（画底稿时，可将主、左视图直接画成剖视图）。

（二）第二栏

由二视图补画第三视图，并将主、左视图画成适当的剖视图，标注尺寸。

（1）在第二次作业题第二栏中选作一题。

（2）根据二视图，运用形体分析和线面分析方法，想出其形状和表面交线。

（3）按给定尺寸，在图纸的第二栏内画出主、俯视图，补画出左视图，并将主、左视图改画成适当的剖视图（画底稿时，可将主、左视图直接画成剖视图）。

（4）标注尺寸：必要时，可将个别尺寸的位置调整，尽量不在不可见轮廓线上标注尺寸；注意半剖视图上的尺寸注法。

五、注意事项

（1）画图前，必须仔细阅读作业指示书，明确各栏的要求。

（2）画图时，首先要合理布置视图，画出作图基准线。

（3）底稿图的图线一定要细而清楚，多余图线必须擦掉。底稿图画完后，仔细检查，描深并修饰后送审。

1. 第一栏分题。

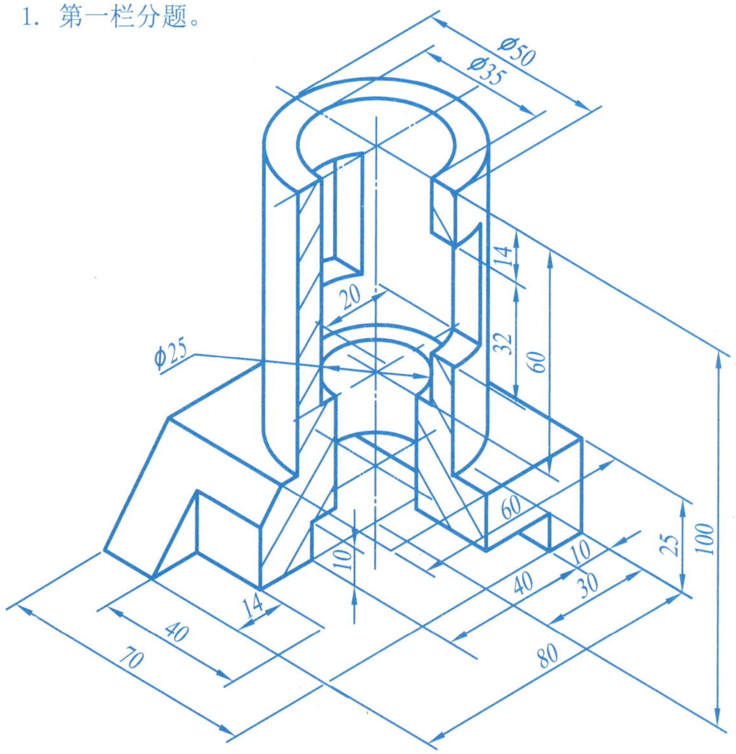

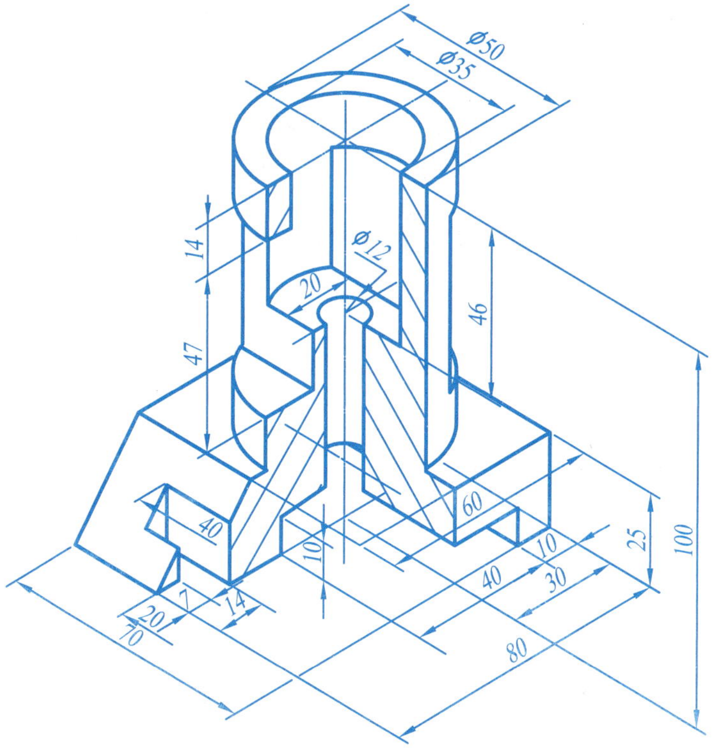

2. 第二栏分题。

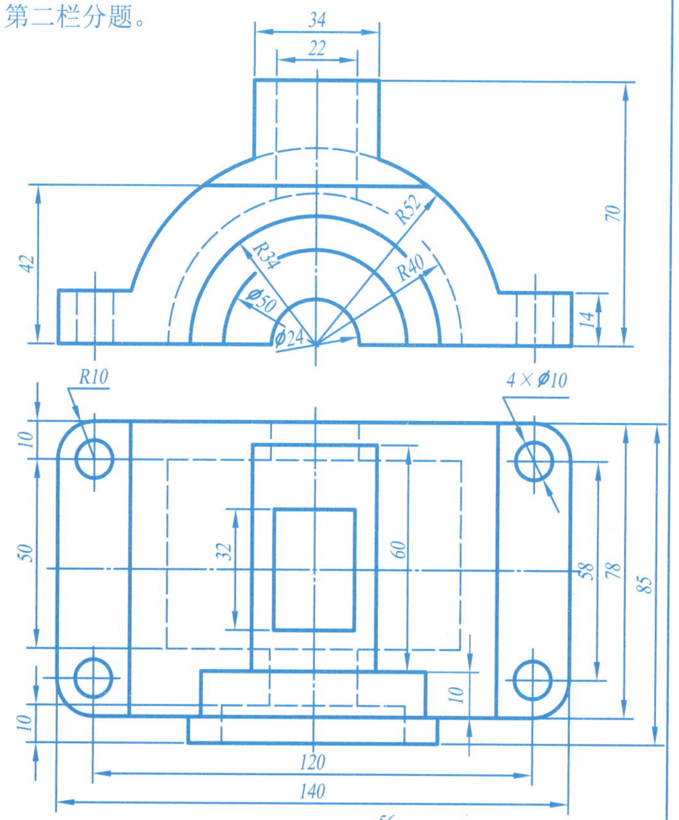

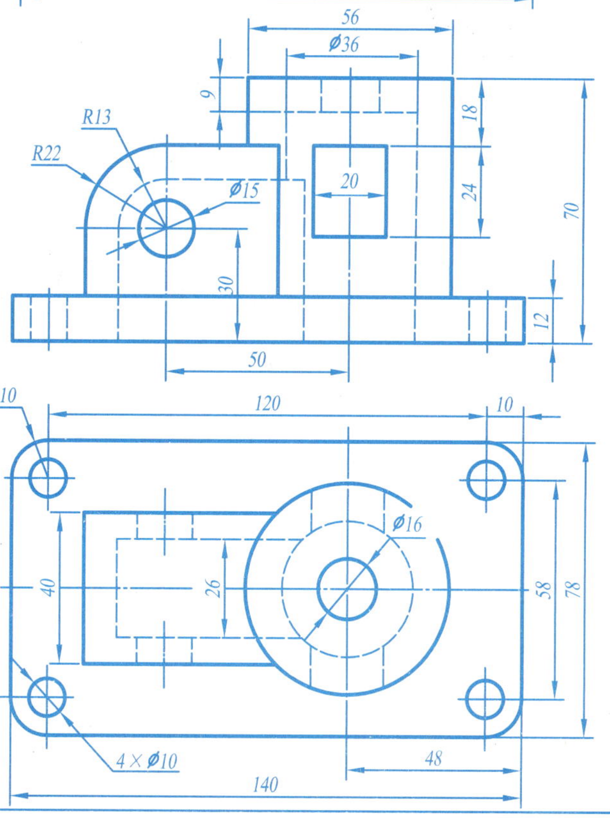

7-1. 分析图中螺纹画法的错误，并将正确的图形画在下方。

（1）外螺纹。

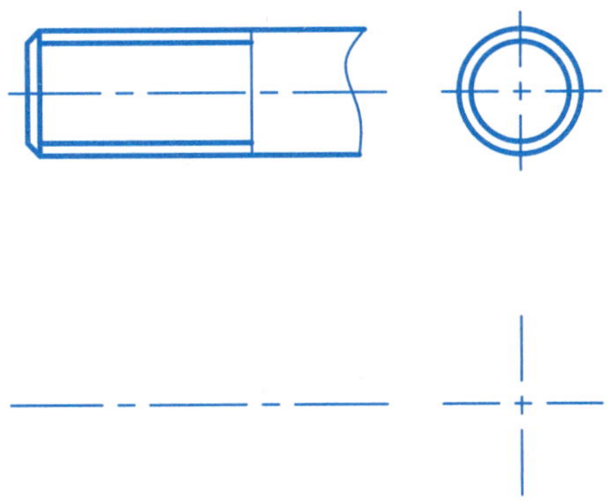

（2）不通的螺孔。

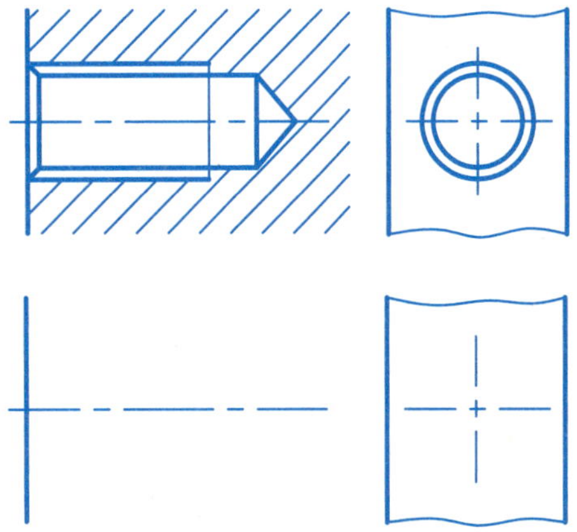

（3）内、外螺纹连接。

（a）

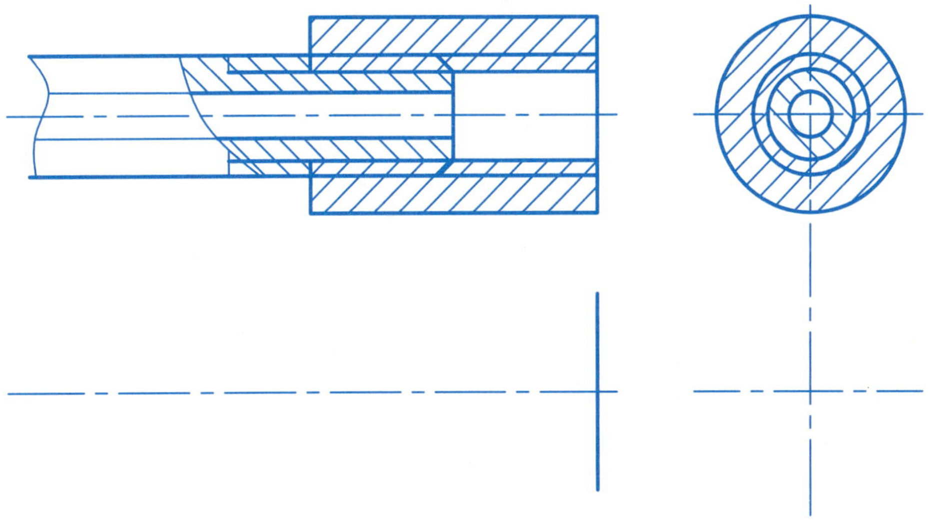

（b）

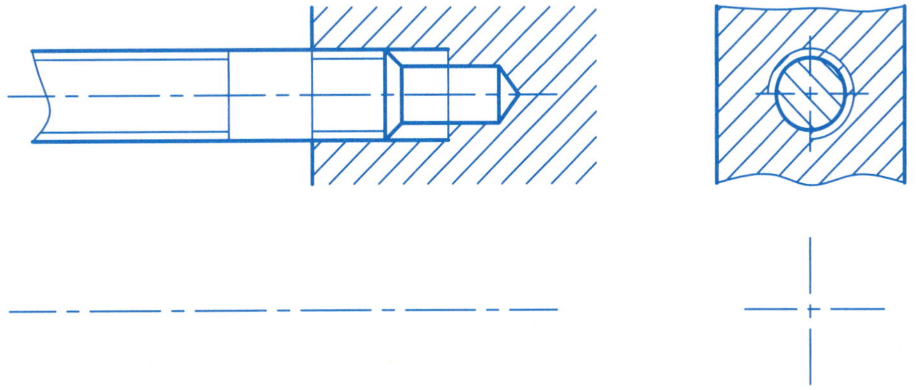

7-2. 在图上标注出各螺纹的标记。

（1）粗牙普通螺纹，公称直径24mm，螺距3mm，单线，左旋，中径和顶径公差带代号均为6h，中等旋合长度。

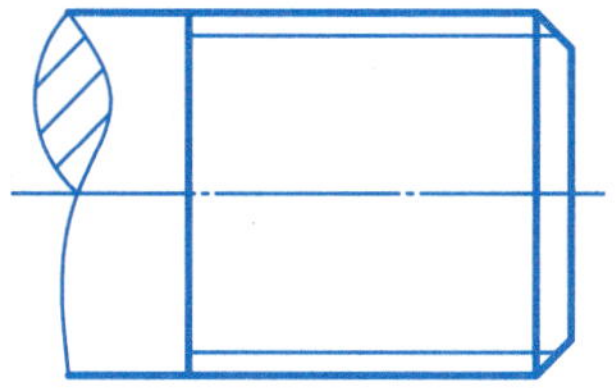

（2）细牙普通螺纹，公称直径10mm，螺距1mm，单线，左旋，中径和公差带代号6H，长旋合长度。

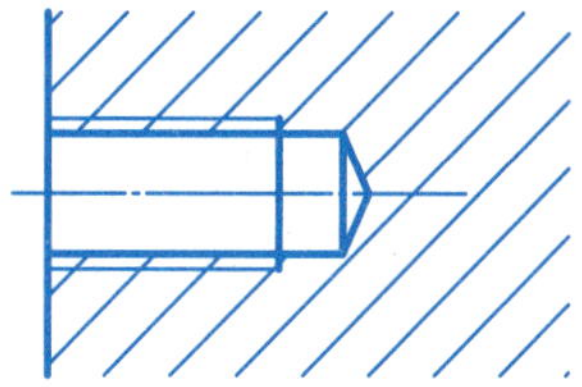

（3）梯形螺纹，公称直径32mm，螺距6mm，单线，左旋，中径公差带代号6e，中等旋合长度。

（4）锯齿形螺纹，公称直径32mm，螺距6mm，单线，右旋。

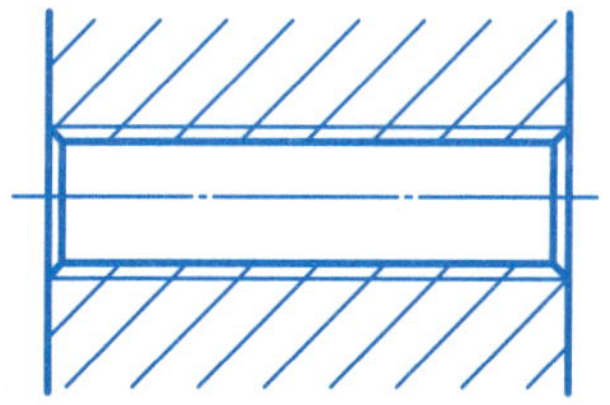

（5）尺寸代号为1/2的右旋A级圆柱外螺纹（非螺纹密封的管螺纹）。

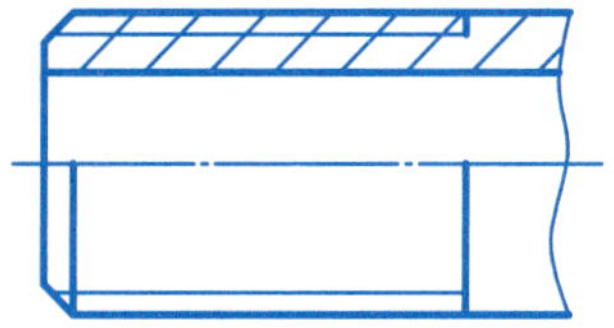

7-3. 已知螺栓连接中：

被连接件厚 $\delta_1=\delta_2=20$mm，宽50mm，长断裂面画出约60mm；

螺栓 GB/T5782-2000 M20×l（l计算后查附表取标准植）；

螺母 GB/T41-2000 M20；

垫圈 GB/T97.2-2002 20。

采用比例画法，用1:1的比例画出该螺栓连接的三视图（主、左视图画成全剖视图）。

7-4. 已知双头螺柱连接中：

有通孔的被连接件厚 δ_1=25mm；有不通螺孔的被连接件厚 δ_2=42mm，材料为铸铁；

螺柱 GB/T898-1988 M12×l （l计算后查附表取标准植）；

螺母 GB/T41-2000 M12；

垫圈 GB/T93-1987 12。

采用比例画法，用1:1的比例，画全该双头螺柱连接的主、左视图(主视图画成全剖视图)。

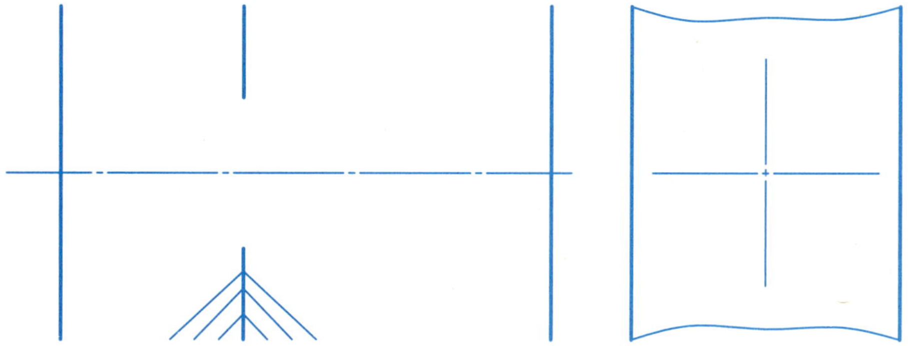

7-5. 已知螺钉连接中：

有通孔及沉头座的被连接件厚 δ_1=25mm；有不通螺孔的被连接件厚 δ_2=42mm，材料为钢；

螺钉 GB/T68-2000 M10×l（l计算后查附表取标准植）；

采用比例画法，用1:1的比例画全该螺钉连接的主、左视图（主视图画成全剖视图）。

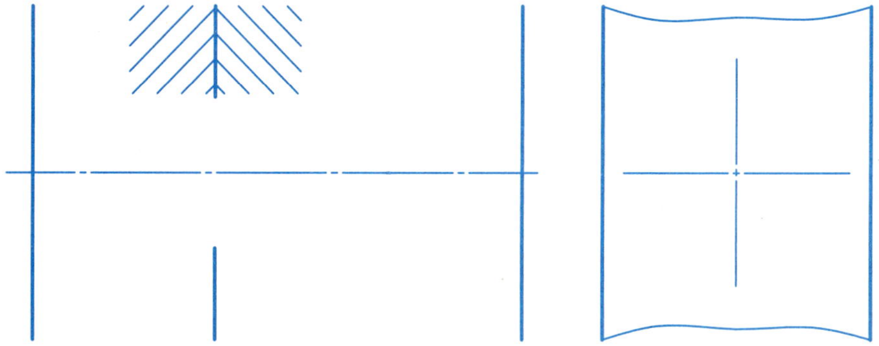

第三次作业指示书

一、作业名称：螺纹紧固件连接

图号：03-00。

绘图比例：1:1。

图纸幅面：A2图纸。

二、作业目的和要求

掌握螺栓、螺柱、螺母、垫圈的查表和标记方法，以及螺纹紧固件连接的画法。

三、作业内容和指示

（一）采用比例画法画出螺栓连接的三视图，并将主视图画成全剖视图。

（1）被连接的两金属零件均为高50mm、宽100mm、长断裂画出约90mm。

（2）所用螺纹紧固件为：

① 螺纹规格d=M24、公称长度l=140mm、性能等级为4.8级、不经表面处理、C级的六角头螺栓；

② 螺纹规格 D=M24、性能等级为5级、不经表面处理、C级的Ⅰ型六角螺母；

③ 标准系列、公称尺寸d=24mm、性能等级为140HV级、倒角型、不经表面处理的平垫圈。

（二）采用比例画法画出双头螺柱连接的主、左视图，并将主视图画成全剖视图。

（1）有通孔的被连接金属零件长30mm、宽70mm、高断裂画出约70mm；有不通螺孔的被连接铸铁件长70mm、宽70mm、高断裂画出约70mm。

（2）所用螺纹紧固件为：

① 两端均为粗牙普通螺纹d=20mm、l=60mm、b_m=1.25d、按B型制造的双头螺柱；

② 螺纹规格D=M20、性能等级为5级、C级的Ⅰ型六角螺母；

③ 规格20mm、材料为65Mn、表面氧化的标准型弹簧垫圈。

（三）采用比例画法画出的内六角圆柱头螺钉连接的主、左视图，并将主视图画成全剖视图。

（1）有沉孔的被连接金属零件长60mm、宽90mm、高断裂画出约90mm；有不通螺孔的被连接铸铁件长80mm、宽90mm、高断裂画出约90mm。

（2）所用螺纹紧固件为：螺纹规格d=M20、l=60mm、b_m=1.25d、性能等级为8.8级、表面氧化的内六角圆柱头螺钉。

（四）在各栏图形的上方用7号字体分别写出各栏名称：螺栓连接、双头螺柱连接、螺钉连接。在各栏图形的下方用5号字体分别写出所用螺纹紧固件的规定标记。

7-6. 已知轮和轴用A型普通平键联结。轴的直径为30mm，键的公称长度L=20mm，查附表确定键和键槽的尺寸，并用1:1的比例画出键联结的画法。

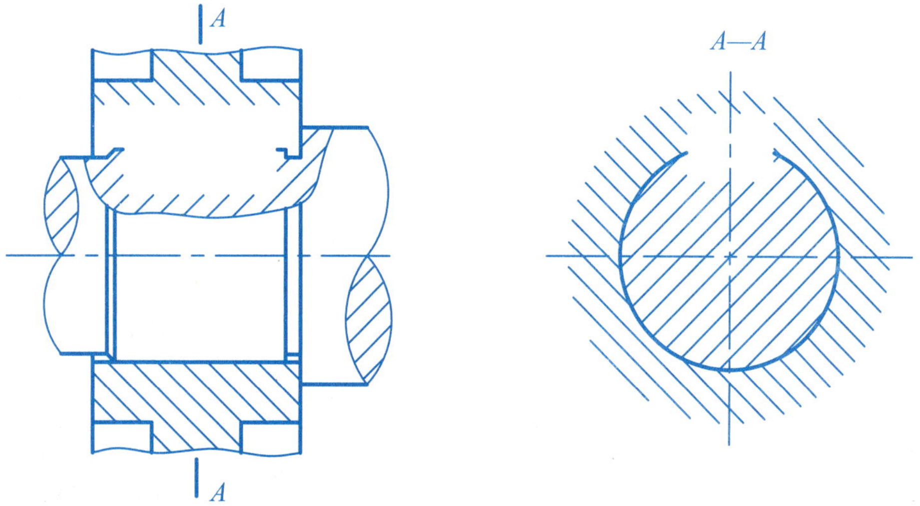

规定标记 ________________

7-7. 已知两零件用圆锥销联结。该销为公称直径d=6mm，长度l=30mm，材料为35钢，热处理硬度HRC 28～38，表面氧化处理的A型圆锥销。查附表写出销的标记，并用1:1的比例画全下图。

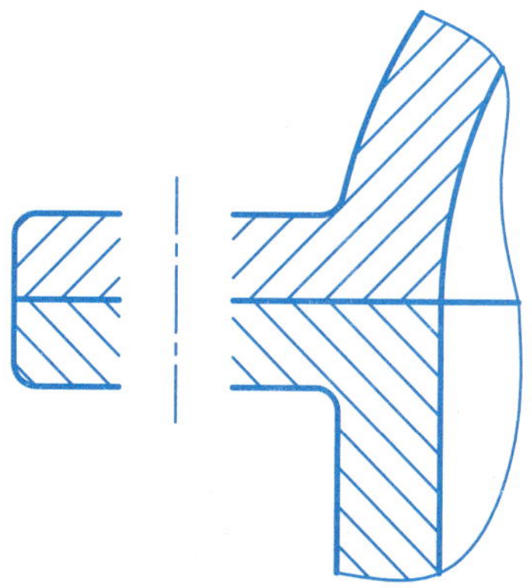

规定标记 ________________

7-8. 已知齿轮和轴用圆柱销联结。该销为公称直径d=6mm，长度l=28mm，材料为钢，不经淬火、不经表面处理的圆柱销。查附表写出销的标记，并用1:1的比例画全下图。

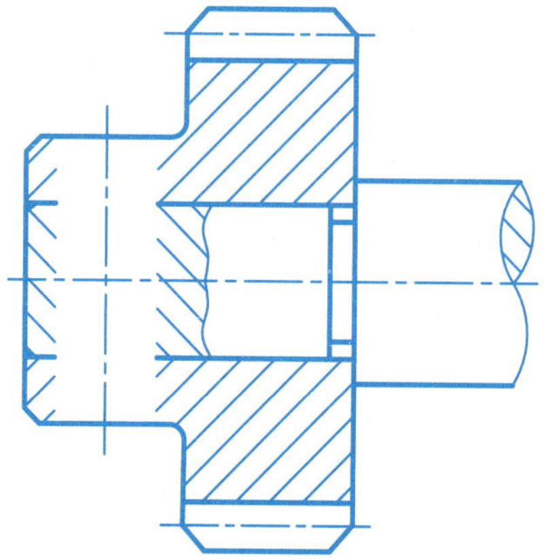

规定标记 ________________

7-9. 已知两平板式圆柱齿轮的参数：m=1.5，z_1=17，z_2=34，齿宽b=20，轴孔径D_1=ϕ16，D_2=ϕ26，加工有平键槽，按1:1的比例画其啮合图（平行齿轮轴线的投影面上的视图画成全剖视图）。

7-10. 按给定滚动轴承的标记，查附表，用1:1以特征画法画出下列轴承。

（1）6204　　（2）30204　　（3）51204

8-1. 根据装配图中的配合代号，查表得上、下极限偏差值后标注在零件图上，并填空。

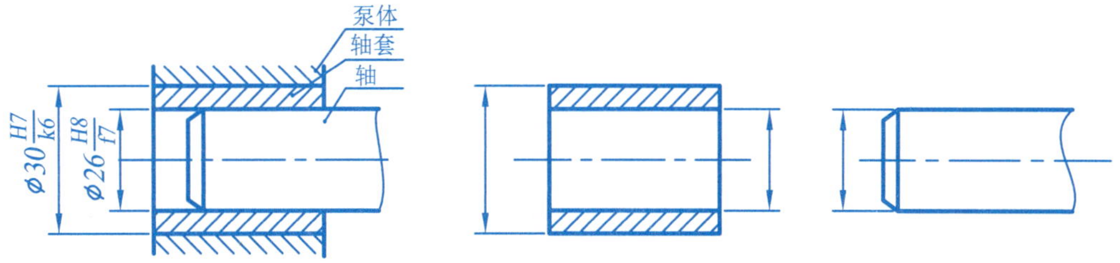

（1）轴套与泵体孔⌀30H7/k6

公称尺寸__________，基__________制；公差等级：轴IT______级，孔IT________级；

轴套与泵体孔是_____________配合；

轴套：上极限偏差______，下极限偏差_______；泵体孔：上极限偏差_______，下极限偏差_____；

（2）轴与轴套⌀26H8/f7

公称尺寸___________，基 _________制；公差等级：轴IT______级，孔IT _______级；

轴与轴套是_____________配合；

轴套：上极限偏差_____，下极限偏差_______；泵体孔：上极限偏差_______，下极限偏差 ______；

8-2. 将三个零件装配在一起，标注出配合尺寸，并对所注配合尺寸及代号含义作解释。

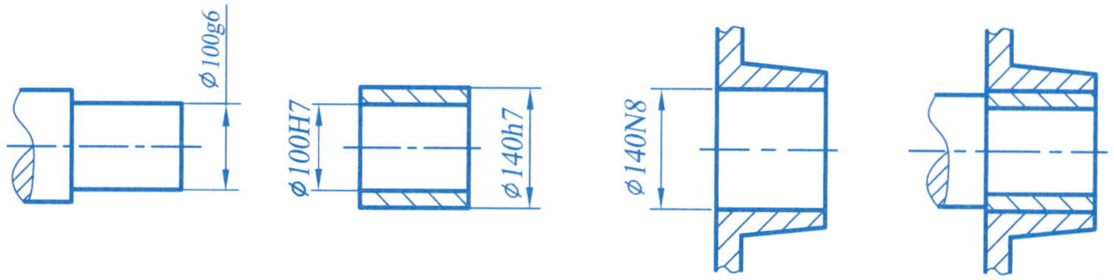

解释举例：

$\phi 50\ \frac{H6}{f5}$：基本尺寸⌀50，基孔制，公差等级6级的基准孔与基本偏差f，公差等级5级的轴配合。

解释：

$\phi 100\ \frac{H7}{g6}$：

$\phi 140\ \frac{N8}{h7}$：

8-3. 解释图中的形位公差。

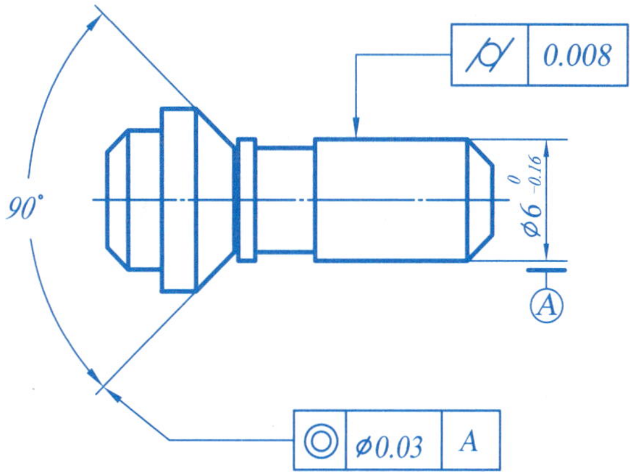

解释：

[⌭ | 0.008] 表示$\phi 6^{\ 0}_{-0.16}$圆柱面的___________公差为___________。

[◎ | ⌀0.03 | A] 表示90° 圆锥轴线对$\phi 6^{\ 0}_{-0.16}$圆柱轴线的___________公差为___________。

8-4. 按要求标注零件表面的粗糙度代号。

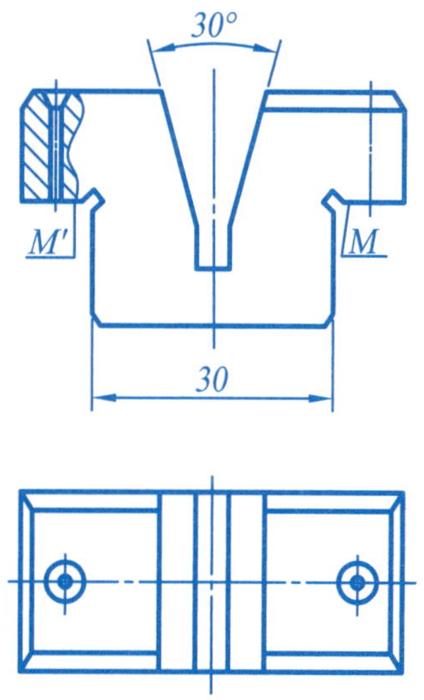

（1）倾角成30°的两斜面，*Ra*为6.3。

（2）顶面、长度为30的左、右两侧面，*Ra*为1.6。

（3）*M*、*M′* 面*Ra*为3.2。

（4）其余表面*Ra*为25。

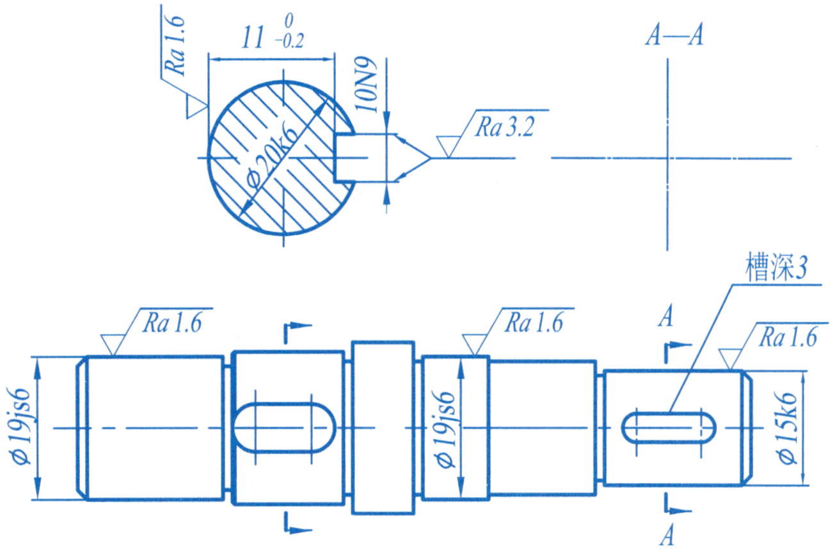

技术要求

(1) 调质HB220-250；

(2) 锐角倒钝。

			比例	1:2
从动轴			45	
制图			CJ-40-18	
审核				

8-5. 读从动轴的零件图，并回答问题。

(1) 该零件的名称是________；材料是________________________；绘图比例________________。

(2) 该零件用___个视图表达，分别是________________________。

(3) 解释尺寸公差ϕ20k6：基本尺寸________，基本偏差代号________，公差等级代号__________。

(4) 该零件有__________处倒角，有__________处退刀槽。

(5) $\sqrt{Ra\ 1.6}$ 表示用____________方法获得的表面粗糙度代号；*Ra*的最大允许值为______，单位是_____。

(6) 在图中指定位置画出移出断面*C*—*C*。

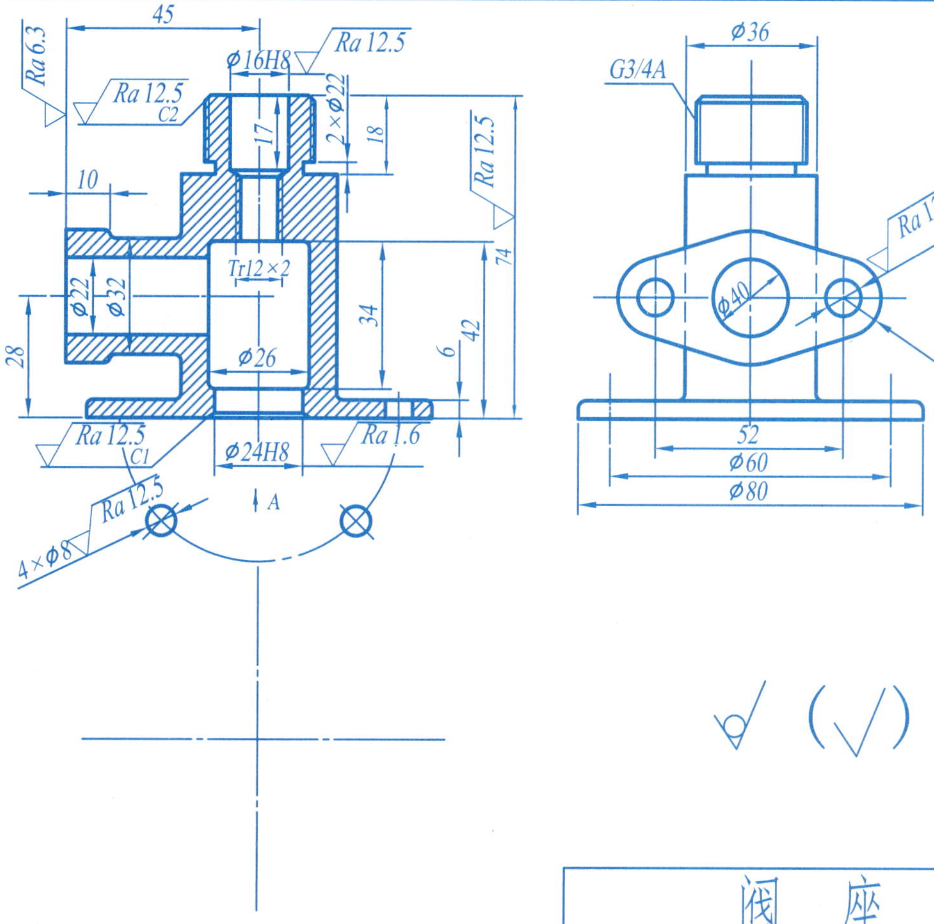

技术要求

未注铸造圆角R2-R3。

		比例	1:1
阀　座		HT150	
制图			
审核			

8-6. 读阀座的零件图，并回答问题。

(1) 该零件采用了_______个视图，主视图采用_________剖视图。

(2) 图中“Tr12×2”表示______螺纹，公称直径是______，螺距是______。

(3) 螺纹退刀槽的槽宽是_______，槽底直径为_______。该零件底板上ϕ8的孔有_______个。

(4) 孔ϕ16H8的公称尺寸是_______，公差等级为_____级，基本偏差代号为_______。

(5) 在指定位置画出该零件A向局部视图。

8-7. 读DQ-34定位器的零件图，各零件的功用参见下面的轴测装配图。

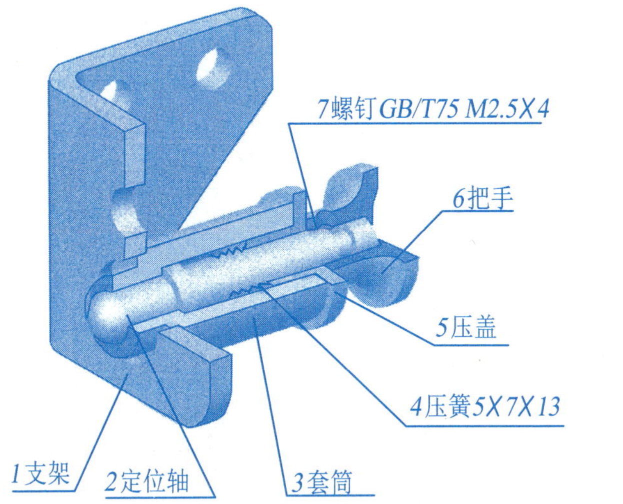

DQ-34定位器轴测装配图

DQ-34定位器说明

定位器为电子仪器的一个部件。它由7种零件组成。套筒（件3）铆接在支架（件1）上，定位轴（件2）、压簧（件4）、压盖（件5）等装在套筒内，把手（件6）装在定位轴上并靠螺钉（件7）紧定。工作时，定位轴靠压簧的张力插入被定位零件的相应孔中。拉动把手，将定位轴从被定位零件孔中拉出后即可换位。

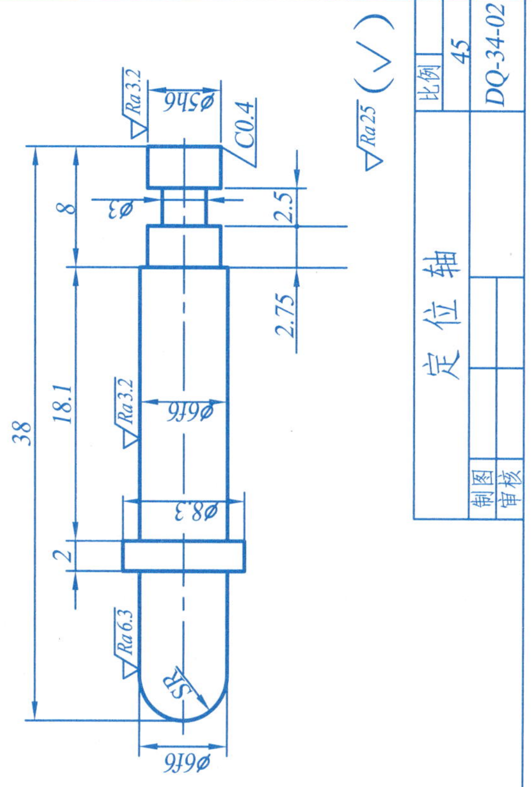

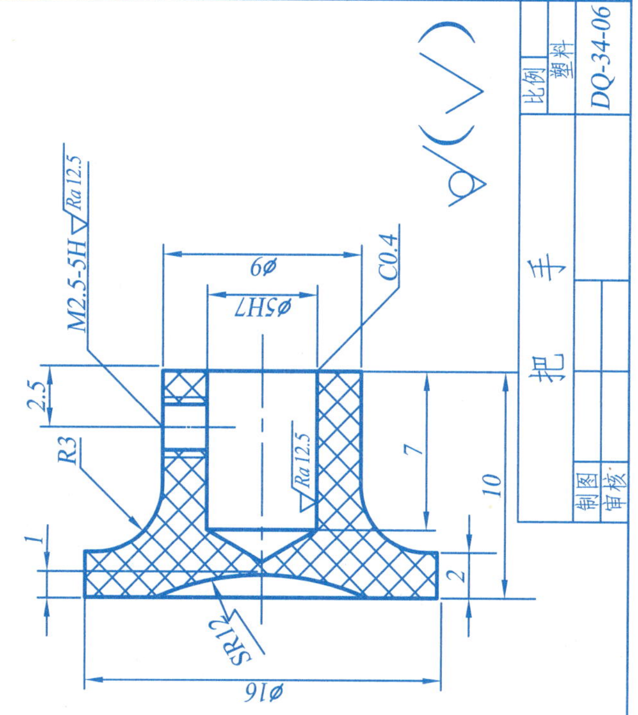

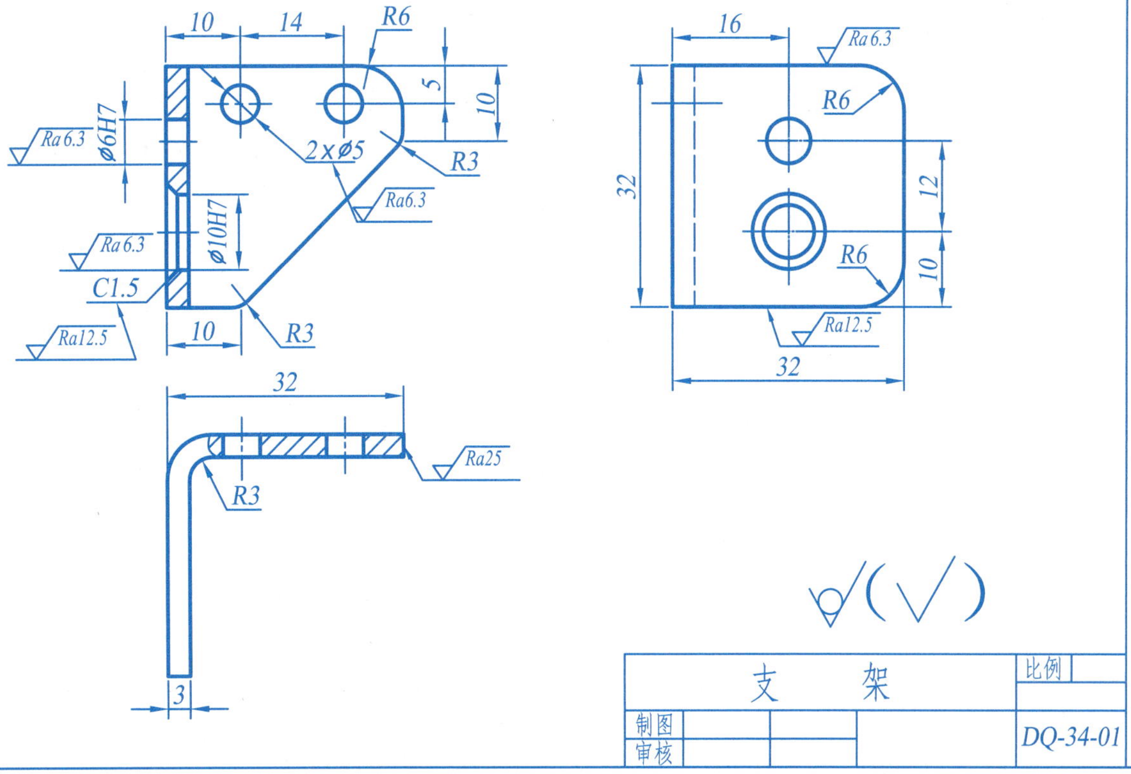

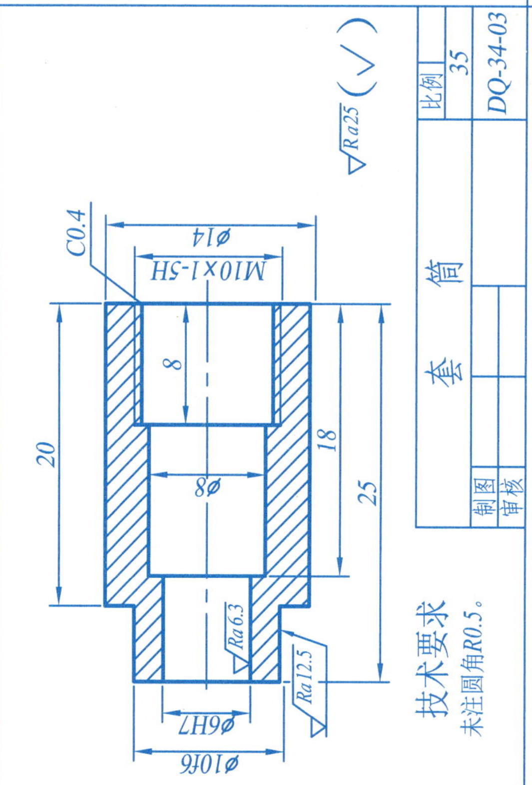

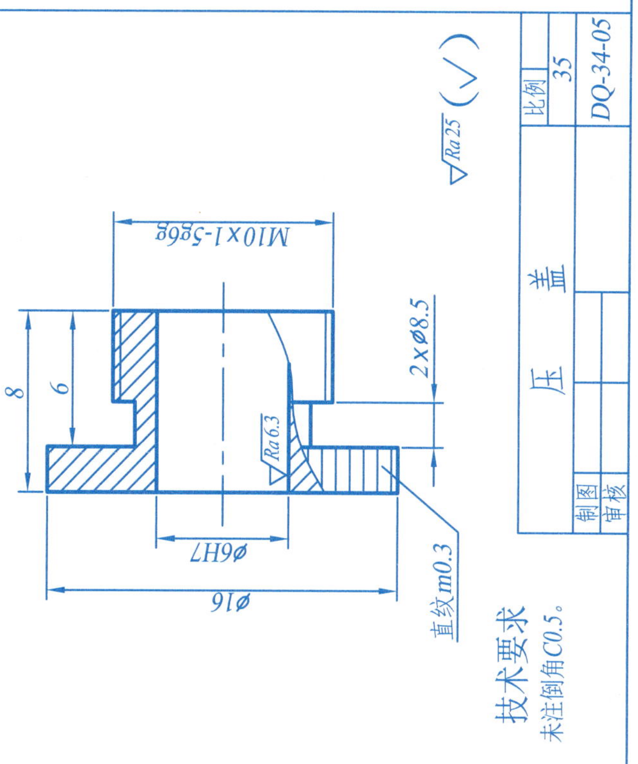

第四次作业指示书——画装配图

一、作业内容

根据测绘的零件草图或根据给定的零件图和装配示意图，画出装配图。

二、作业的目的和要求

（1）学习部件的表达和装配图的画图方法。要求所画装配图投影正确、表达清晰、线型分明、字体工整、图面整洁。

（2）了解部件测绘的一般方法。

三、作业指示

（1）根据轴测装配图、装配示意图或部件实物，结合部件说明书，进一步弄清部件的工作原理、各零件间的装配关系。

（2）根据部件的工作原理、零件间的装配关系和零件的主要结构形状，选用恰当的表达方案方法。

（3）按选定的比例和图幅画图，其方法和步骤参见配套教材第十章。

（4）标注尺寸。

（5）编号，填写技术要求、明细表和标题栏。

（6）检查、修饰、折叠送审。

四、作业内容

根据本习题集第37页（9-1题）提供的千斤顶的装配示意图和说明书，由所给的千斤顶零件绘制出千斤顶的装配图。图幅A3，比例1:1。

9-2．读JK-32夹紧卡爪装配图（见第38页）。

JK-32夹紧卡爪说明

夹紧卡爪是在机床上用来夹紧工件的组合夹具，由8种零件组成。

当转动螺杆（件2）时，靠梯形传动螺纹，使卡爪（件1）在夹具体（件8）内移动，以便夹紧或松开工件。

卡爪底部与夹具体顶面的凹槽相配合（34H8/f7），并在夹具体顶面盖上前压板（件5）和后压板（件4），然后用6个内六角螺钉（件3）将前、后压板紧固在夹具体上。在螺杆（件2）的细颈部位装上垫铁（件6）以限制螺杆的轴向移动。垫铁用两个紧定螺钉（件7）固定在夹具体的弧形槽内。夹具体底部的横向和纵向各开有一个定位槽（12H8），并加工有4个M5-6H螺孔，用来固定导向键（图中未画出）。ϕ13孔则用来固定整个夹具。

根据装配图回答下列问题：

（1）该装配图的名称是________，共用____个图形表达，零件2D采用了________图样画法。

（2）该装配图采用了______个标准件，分别是____。

（3）解释装配图中尺寸M4×5-6H的含义：____。

（4）前后压板与夹具体之间依靠____个___________连接。

（5）拆画零件8（夹具体），尺寸由图中量取。

第五次作业指示书——拆图

一、作业内容

读装配图，并由装配图拆画零件图。

二、作业的目的和要求

（1）学习读装配图的方法，提高读图能力。

（2）学习拆图的方法，进一步提高画零件图的能力。

三、作业指示

（1）读懂装配图。根据部件说明书和装配图，弄清部件的工作原理、装配关系和各零件的主要结构形状。读图方法和步骤见配套教材第9章。

（2）拆画零件图，参见配套教材第9章。

① 分离零件。

② 选择零件的表达方案。

③ 按选定的比例和图幅画图。

④ 标注尺寸。

⑤ 注写技术要求，填写标题栏。

⑥ 检查，修饰，折叠送审。

（3）本习题集提供了两张装配图，各专业可根据自己的情况选择作业的内容和份量。卡爪拆画夹具体（件8），回油阀拆画阀体（件1）。

9-3．读AF-22回油阀装配图（见第39页）。

AF-22回油阀说明

回油阀是一种用于管路的安全装置，由13种零件组成。

在正常工作情况下，阀瓣（件2）靠压簧（件4）的张力关闭回油口。此时油液从阀体（件1右端ϕ40孔流入，经阀体下部ϕ40孔流出。当工作油路中压力超过压簧（件4）的调整压力时，油液顶开阀瓣并顺阀体左端ϕ40孔流回油箱，起安全保护作用。压簧张力的大小靠阀杆（件7）调节，并用螺母（件8）锁紧在阀盖（件3）上。罩子（件9）用紧定螺钉（件6）紧固在阀盖（件3）上，起防护作用。阀瓣两侧各有一小圆孔，以便把进入阀瓣内腔的油液导流出来。阀盖与阀体用4个螺柱组（件11 、件12 、件13 ）连接，中间加一垫片（件10）密封，防止漏油。

根据装配图回答下列问题：

（1）该装配图的名称是_________，共用___个图形表达，主视图采用_____________图，俯视图采用____________画法，左视图采用____________图，B是___________图。

（2）回油阀由_____种零件组成，其中标准件有______种。

（3）阀体（件1）和阀盖（件4）是通过____个_____________连接。

（4）ϕ65H7/f6表示件___和件____是________制的__________配合。

（5）拆画零件1（阀体），尺寸由图中量取。

9-1. 根据装配示意图和零件图，画出其装配图。

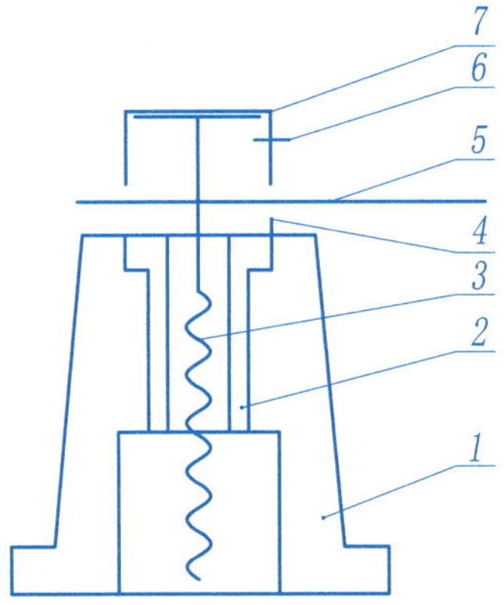

标准件明细表

序号	名　称	数量	材料	备　注
4	螺钉M10×12	1	A3	GB/T75-85
6	螺钉M8×12	1	A3	GB/T73-85

千斤顶的说明

千斤顶共有7个零件，标准件2种。工作时，重物压于顶垫之上，将绞杠（件5）穿入螺旋杆（件3）上部的孔中，旋动绞杠，螺旋杆在螺套（件2）中靠螺纹做上、下移动，从而顶起或放下重物。螺套镶在底座（件1）里，用螺钉（件4）定位，磨损后便于更换。顶垫（件7）套在螺旋杆顶部，其球面形成传递承重之配合面，由螺钉（件6）锁定，使顶垫相对螺旋杆旋转而不脱落。

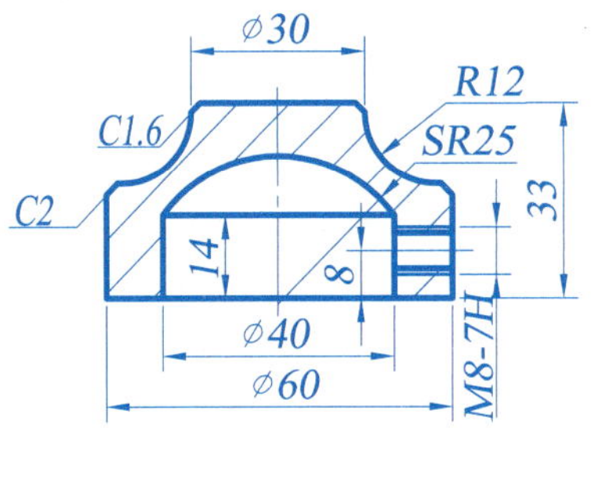

顶　垫		比例	
制图		Q275-A	
审核		7	

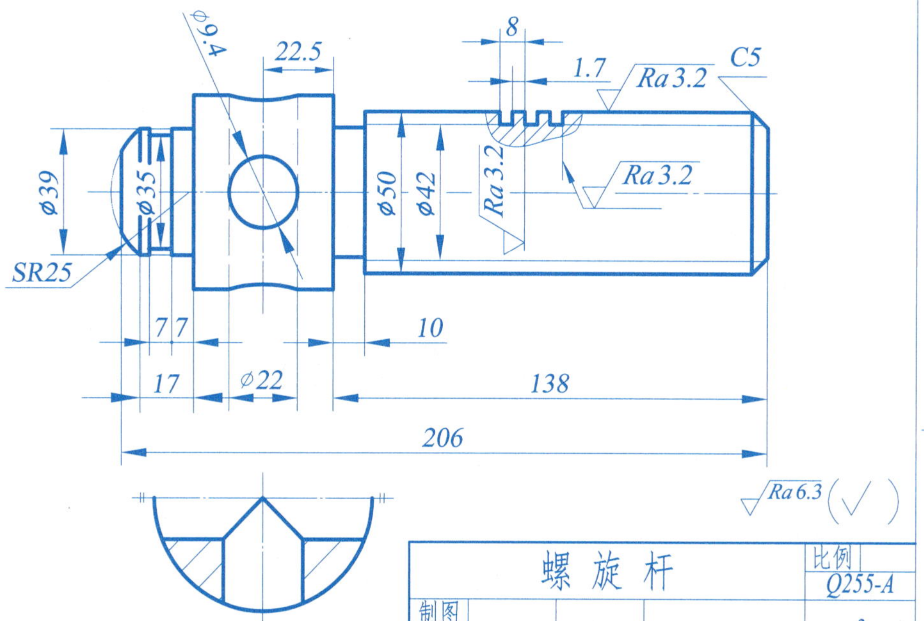

螺旋杆		比例	
制图		Q255-A	
审核		3	

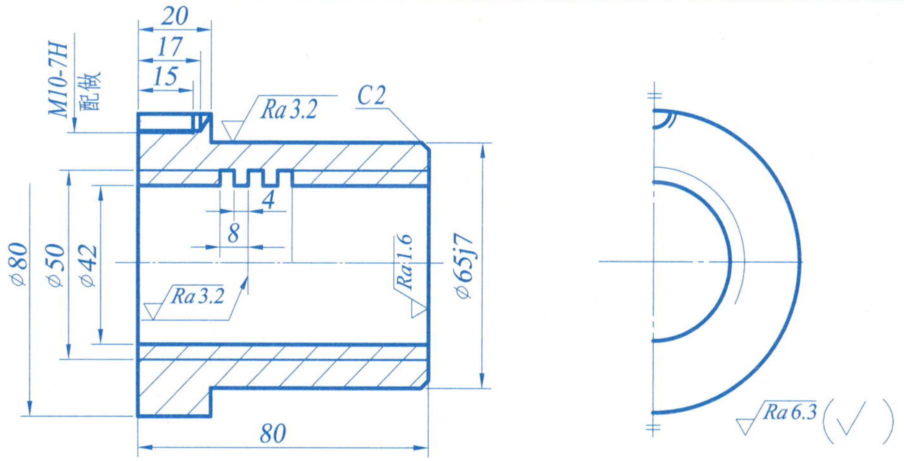

螺　套		比例	
制图		ZCUA110Fe3	
审核		2	

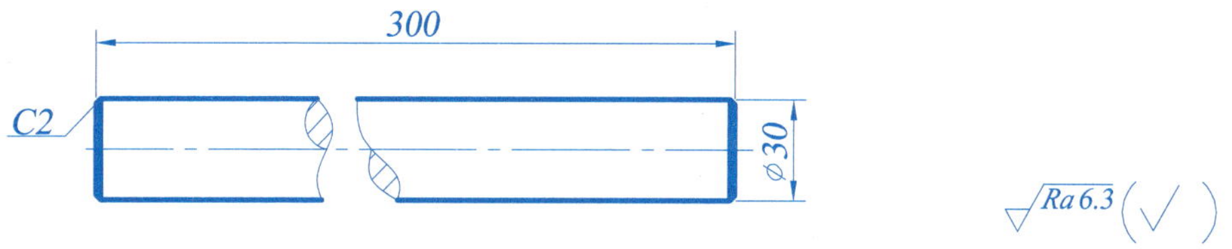

绞　杠		比例	
制图		Q215	
审核		5	

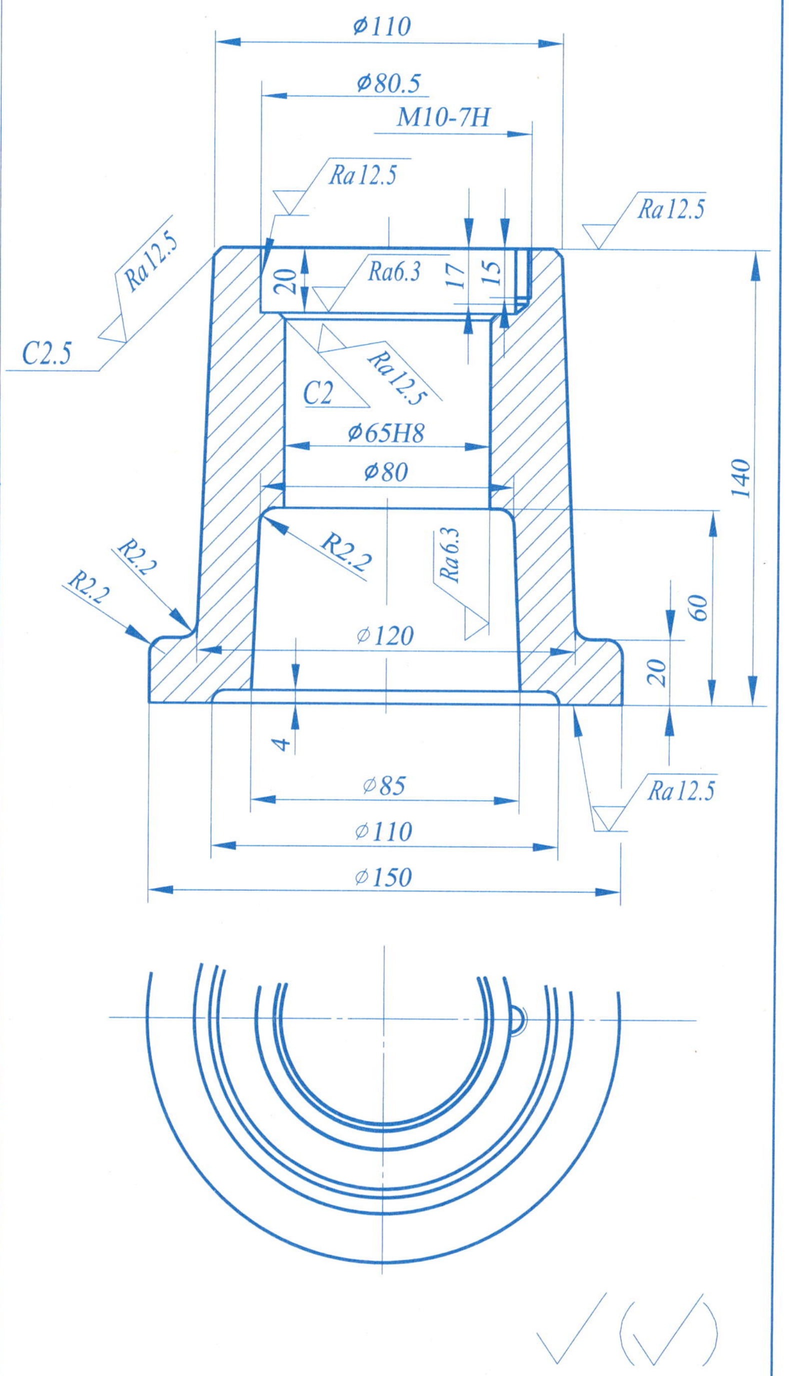

底　座		比例	
制图		HT200	
审核		1	

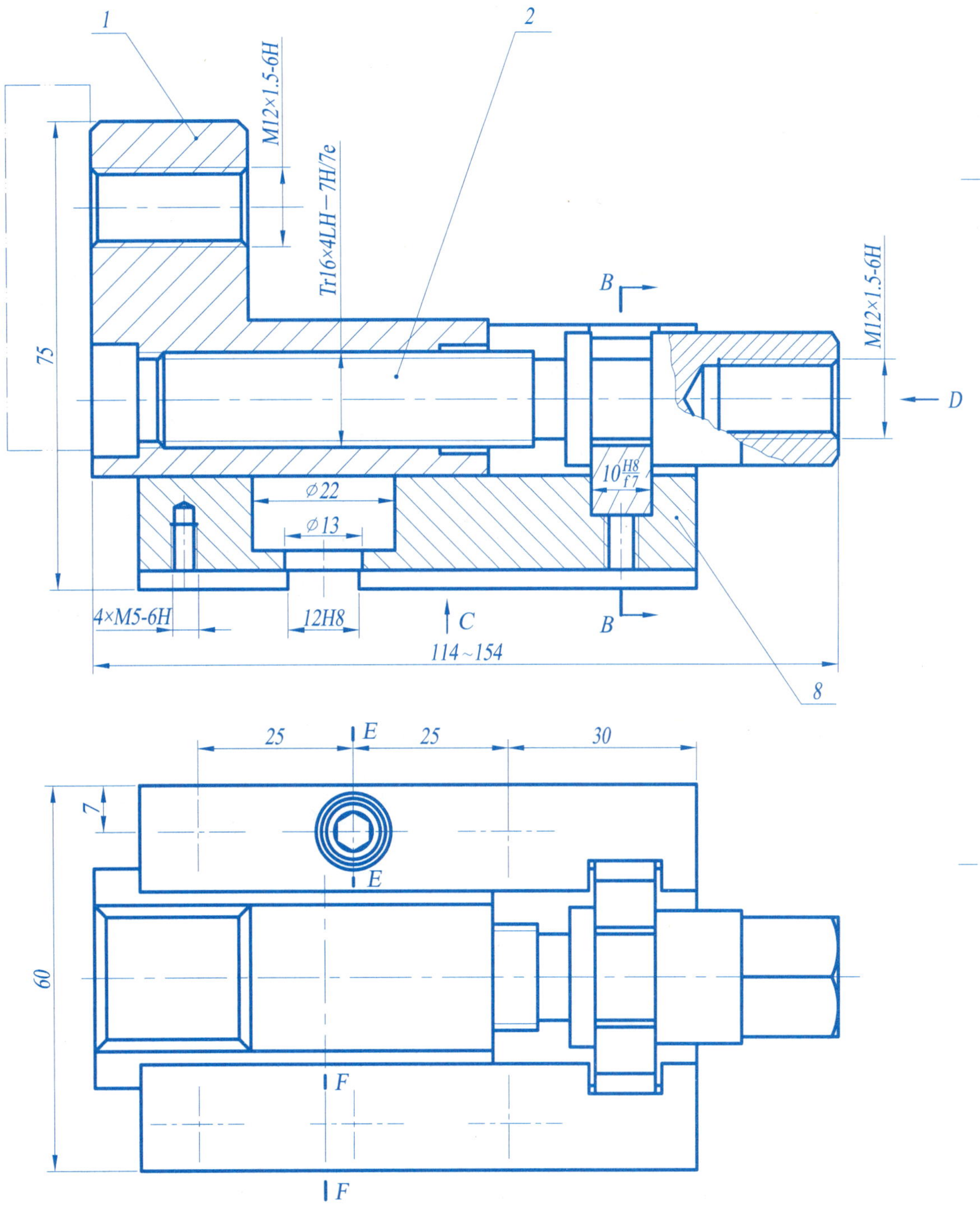

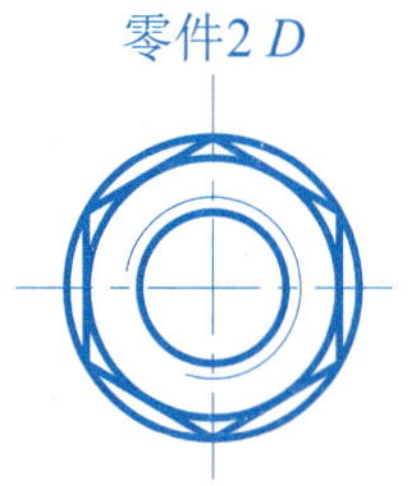

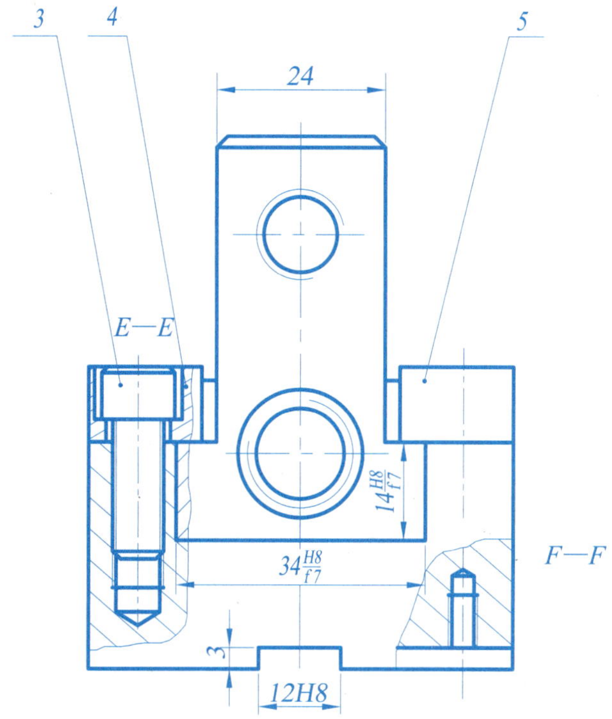

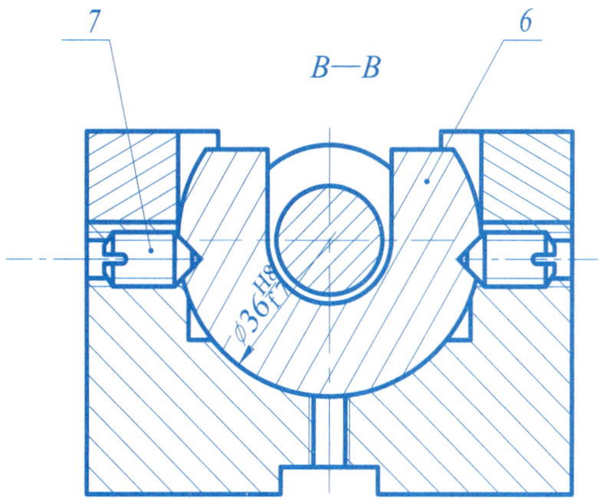

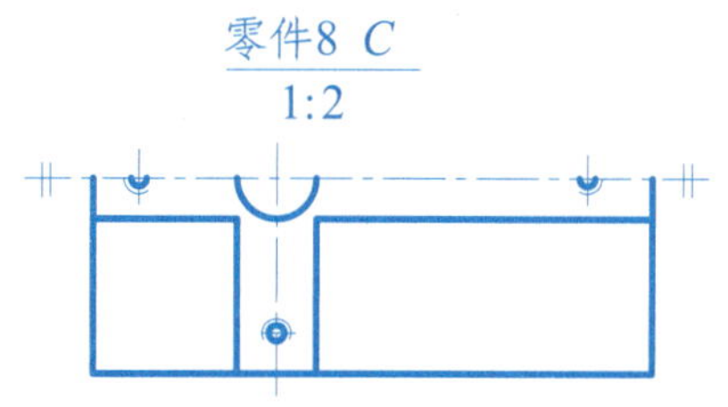

技术要求

（1）装配好后，用手转动螺杆，应转动灵活；

（2）夹持工件时，卡爪与螺杆的旋合长度不得小于40mm。

序号	名称	数量	材料	附注
8	夹具体	1	20Cr	
7	螺钉M6×12	2	A3	GB/T71
6	垫铁	1	T8A	
5	前压板	1	40Cr	
4	后压板	1	40Cr	
3	螺钉M8×16	6	A3	GB/T70.1
2	螺杆	1	40Cr	
1	卡爪	1	20Cr	

卡爪		比例	1:1
		第1张	共1张
制图			
审核		KJ-32-00	

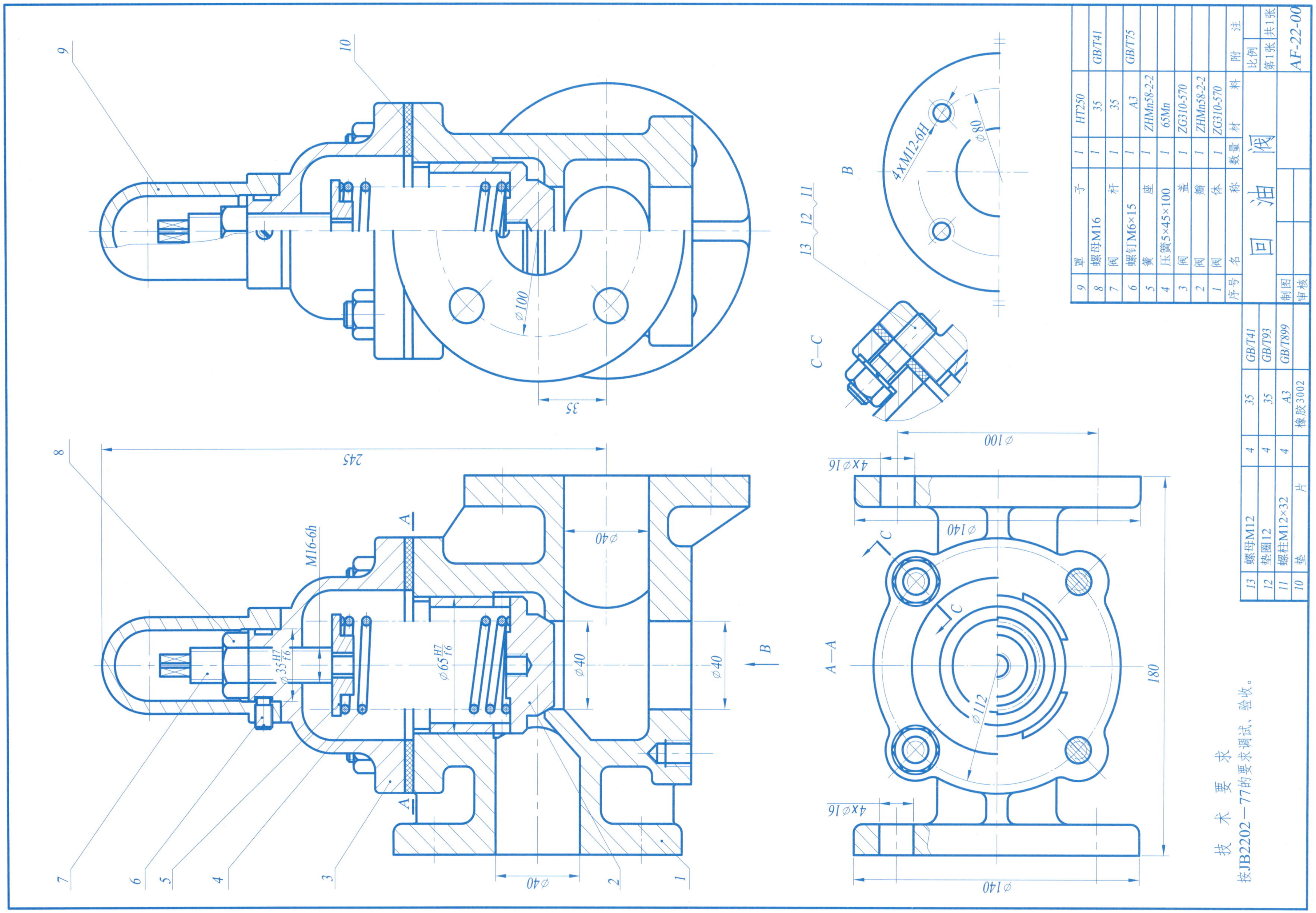

序号	名称	数量	材料	附注
13	螺母M12	4	35	GB/T41
12	垫圈12	4	35	GB/T93
11	螺柱M12×32	4	A3	GB/T899
10	垫片	4	橡胶3002	
9	罩子	1	HT250	
8	螺母M16	1	35	GB/T41
7	阀杆	1	35	
6	螺钉M6×15	1	A3	GB/T75
5	簧座	1	ZHMn58-2-2	
4	压簧5×45×100	1	65Mn	
3	阀盖	1	ZG310-570	
2	阀门	1	ZHMn58-2-2	
1	阀体	1	ZG310-570	

回油阀　比例　第1张 共1张　AF-22-00
制图
审核

技术要求

按JB2202—77的要求调试、验收。

第六次作业指示书
——计算机绘图

一、作业名称

图名：二维图样的绘制

图号：04-00

绘图比例为1:1。

二、作业目的

（1）熟悉AutoCAD的绘图流程，熟悉图层管理器的使用方法，并能在绘图过程中加以运用。

（2）熟悉计算机绘图的基本绘图命令和编辑命令。能根据不同图样，采用不同方法进行绘制。

（3）能采用适当方法保证精确绘图。

三、作业要求

（1）用图层特性管理器确定各图层的颜色、线型。

（2）绘制和编辑图形。

（3）标注文字。标题栏中的汉字一律用仿宋体，图名10号字，校名7号字，班级学号3.5号字，其余5号字。

（4）作图准确、正确。图面布置均匀，各种线型分明。

四、作业内容

在AutoCAD环境下进行几何作图。

五、作图步骤及说明

（1）仔细阅读教材和作业指示书。作好绘图前的各项准备工作。

（2）新建文件，选择适当图纸幅面，绘制标题栏和图框；或直接采用AutoCAD所带的样板文件。

（3）设置绘图环境。

（4）根据图示所给的图样，按1:1比例绘制图样。

（5）保存文件，退出系统。

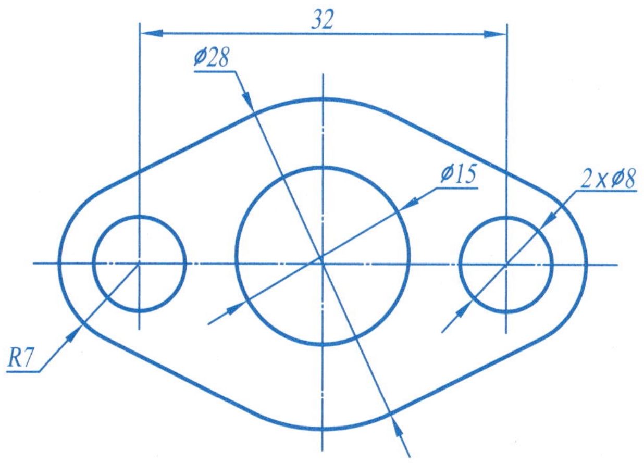

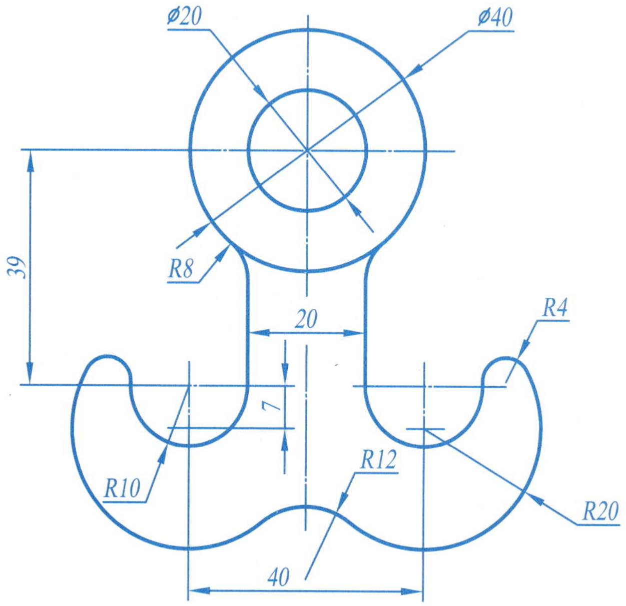

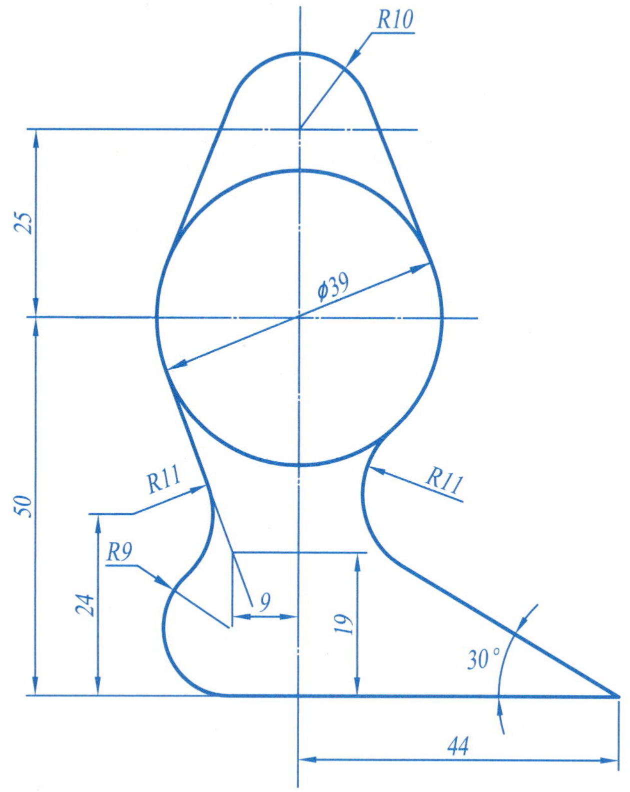

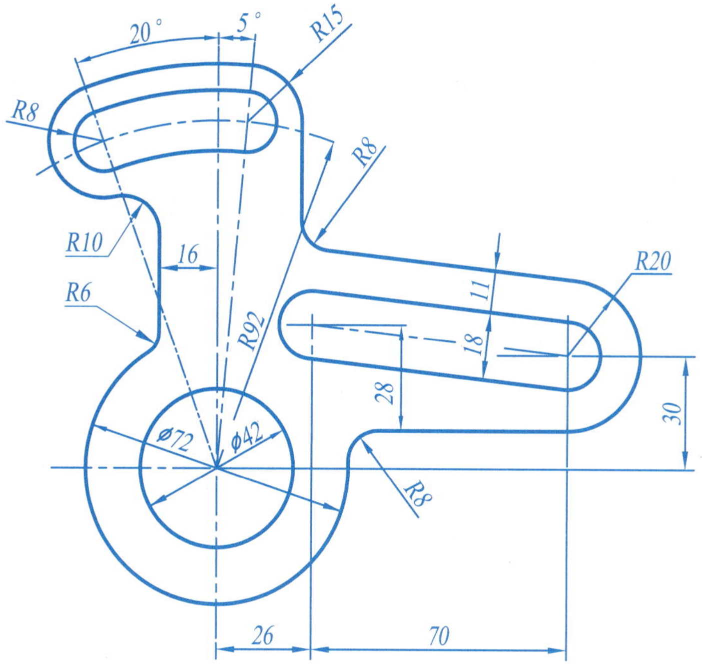

五、已知主视图和俯视图，把主视图改为半剖视图，补画左视图，并改为全剖视图。

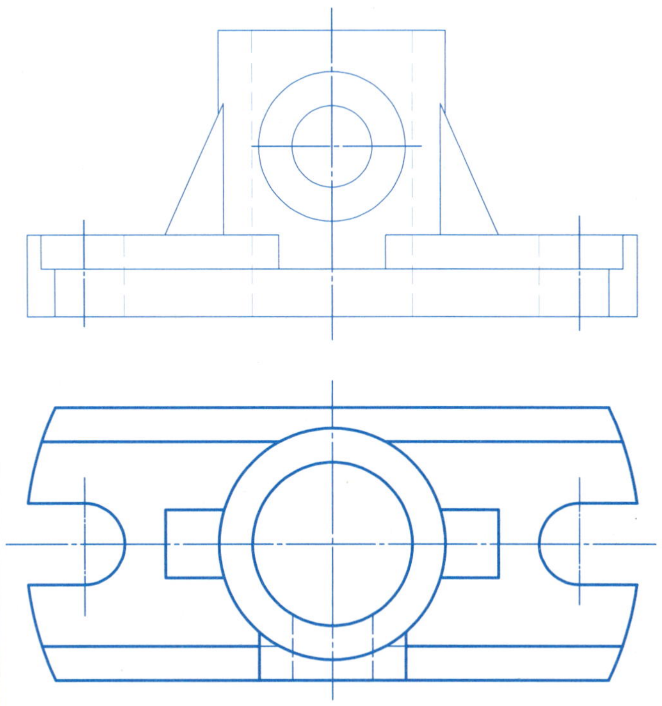

六、找出螺纹联接图中的错误，并在旁边画出正确的联接图。

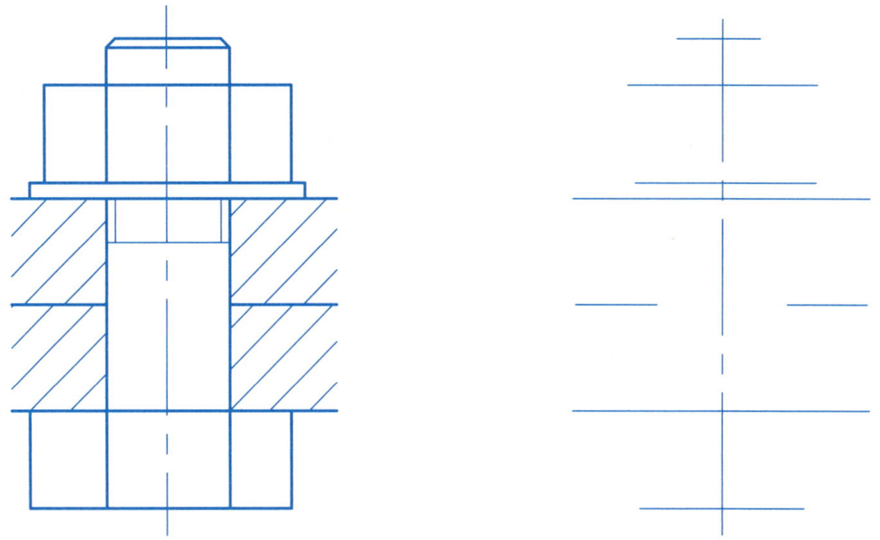

七、在指定位置补画图中所缺的移动断面图（键槽深度为3mm），并回答问题。

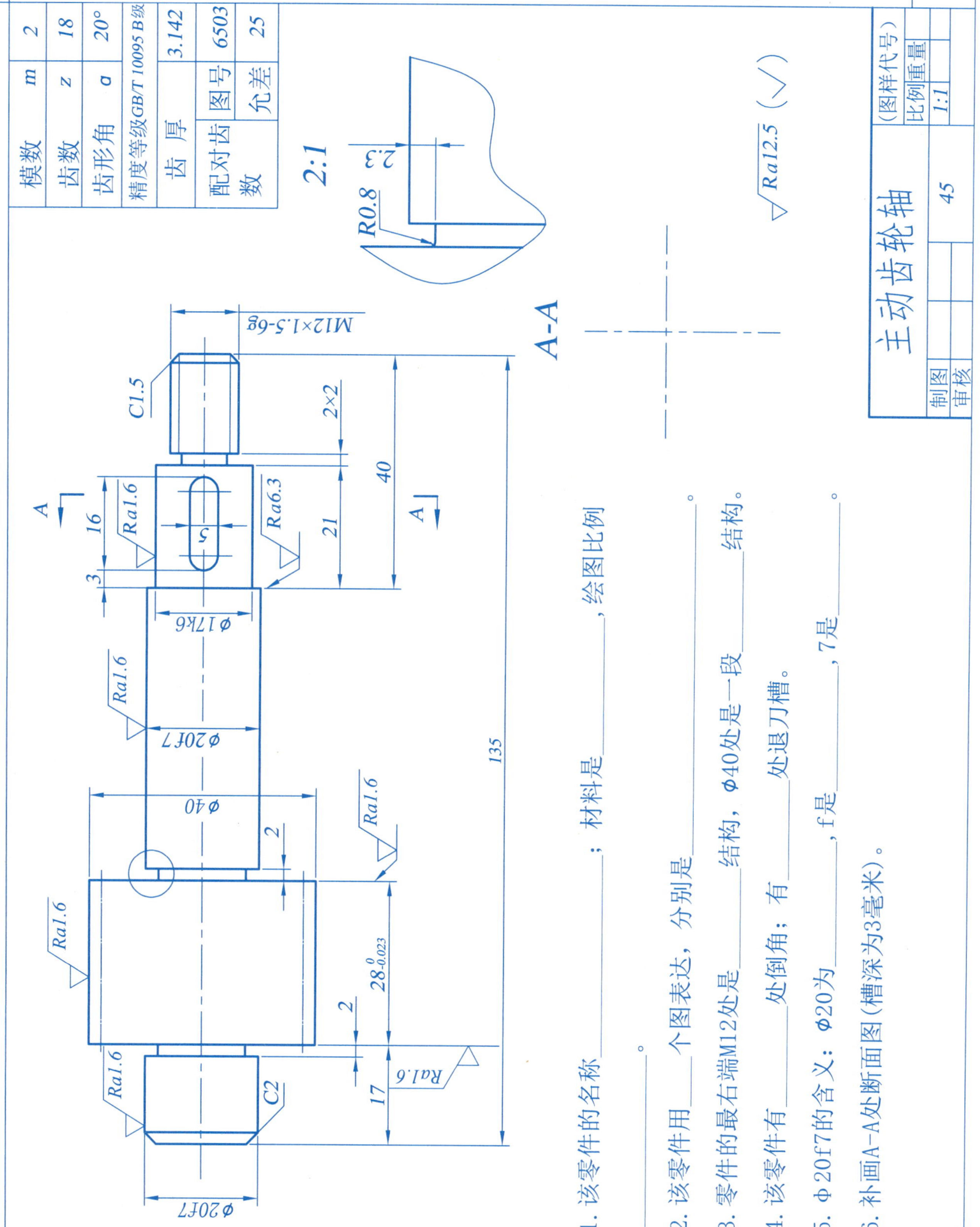

1. 该零件的名称________；材料是________，绘图比例________。

2. 该零件用____个图表达，分别是________。

3. 零件的最右端M12处是________结构，Φ40处是一段________结构。

4. 该零件有____处倒角；有____处退刀槽。

5. Φ20f7的含义：Φ20为________，f是________，7是________。

6. 补画A-A处断面图(槽深为3毫米)。

五、已知主视图和俯视图，把主视图改为半剖视图，补画左视图，并改为全剖视图。

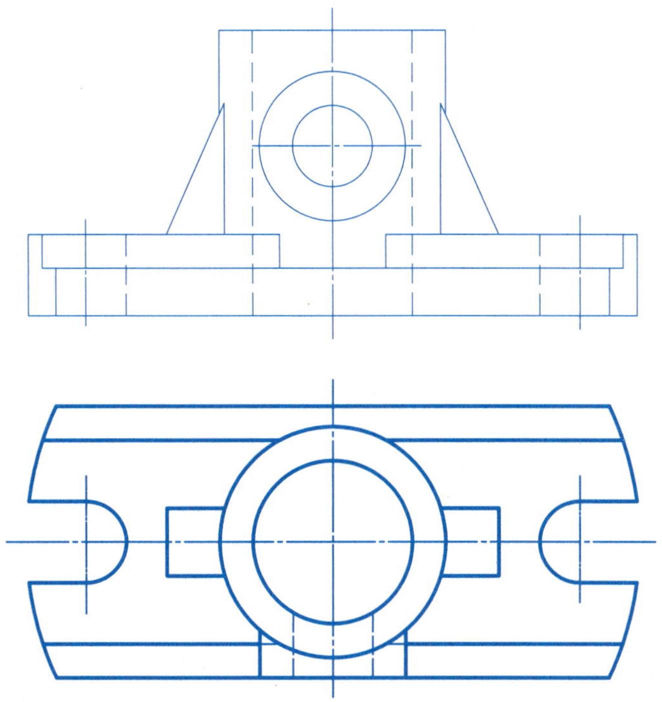

六、找出螺纹联接图中的错误，并在旁边画出正确的联接图。

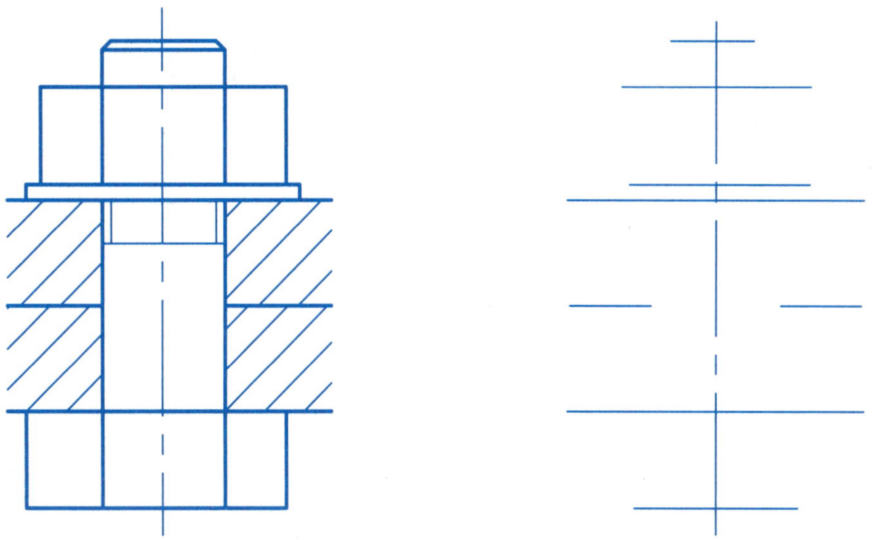

七、在指定位置补画图中所缺的移动断面图（键槽深度为3mm），并回答问题。

模数	m	2
齿数	z	18
齿形角	α	20°
精度等级GB/T 10095 B级		
齿厚		3.142
配对齿数	图号	6503
	允差	25

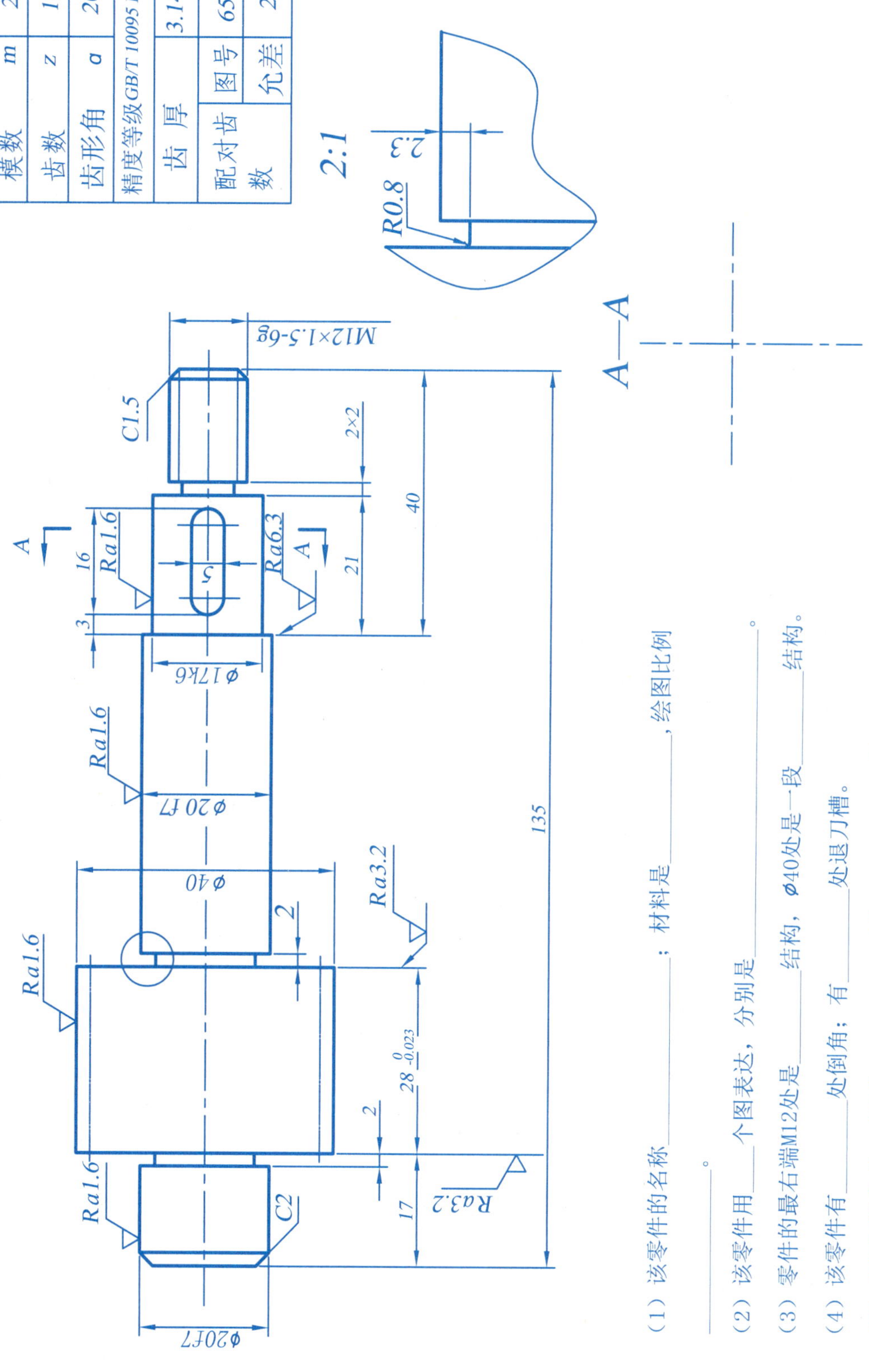

$Ra12.5$ （√）

主动齿轮轴	（图样代号）	
	比例	重量
	1:1	
	45	
制图		
审核		

（1）该零件的名称________；材料是________，绘图比例________。

（2）该零件用____个图表达，分别是________。

（3）零件的最右端M12处是________结构，φ40处是一段________结构。

（4）该零件有____处倒角；有____处退刀槽。

（5）φ20f7的含义：φ20为________，f是________，7是________。

（6）补画A—A处断面图(槽深为3毫米)。

八、读装配图，回答问题并在图纸上拆画件2（支座）的零件图，标注必要的尺寸。

（1）千斤顶的功能是__________，千斤顶由______个零件装配而成。

（2）该装配图由________个视图表达，其中主视图采用__________表达，主视图上方的双点画线表示__________。

（3）螺钉（件1）在千斤顶中的作用是______________。螺母（件4）的作用是____________。

（4）ø16H8/f7是_______尺寸，孔的公差带代号是__________，轴的公差带代号是__________，孔与轴采用的是________制的________配合。

（5）千斤顶的外形尺寸是__________。

（6）千斤顶的组装顺序是____。

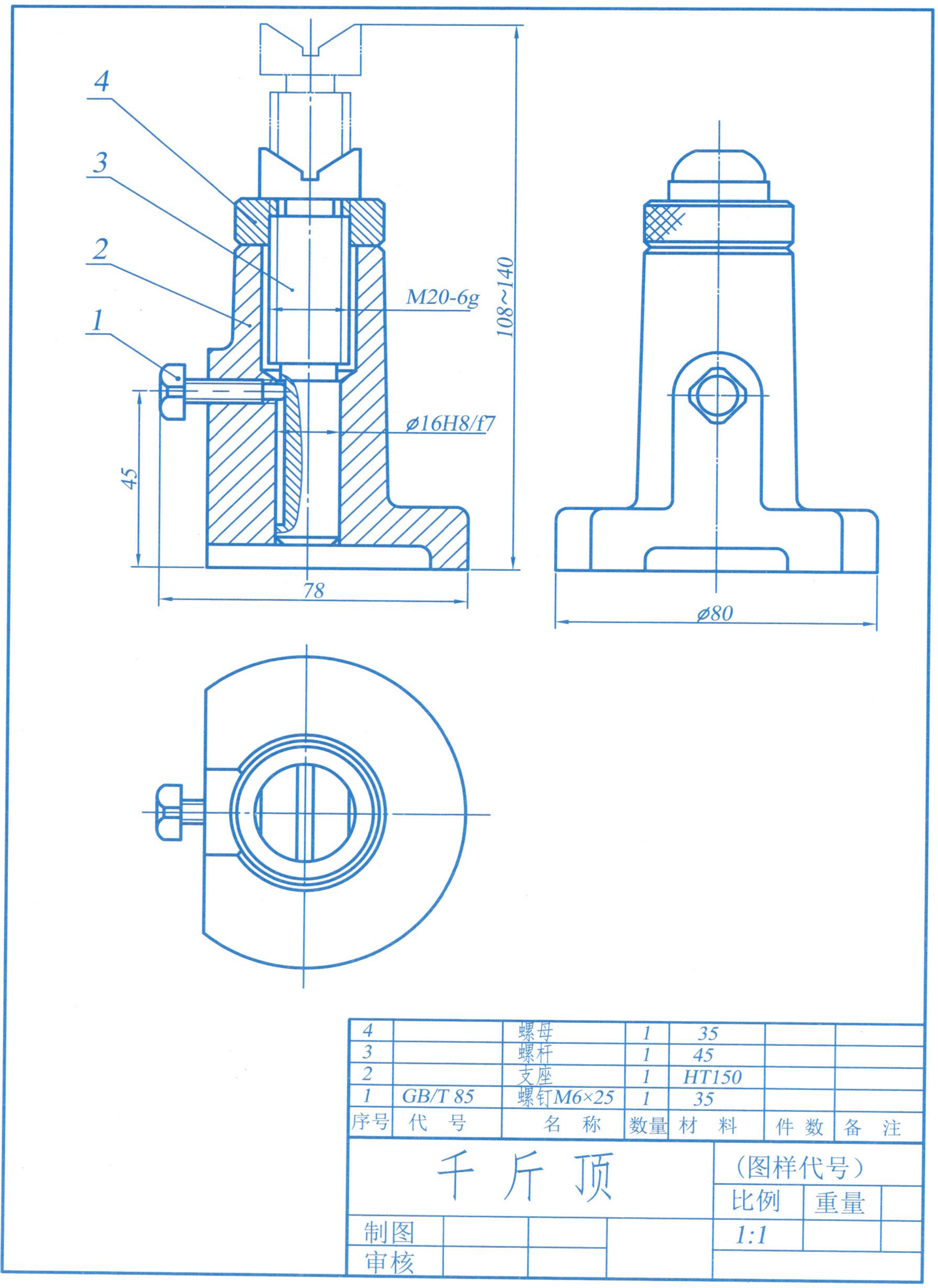

序号	代号	名称	数量	材料	件数	备注
4		螺母	1	35		
3		螺杆	1	45		
2		支座	1	HT150		
1	GB/T 85	螺钉M6×25	1	35		

千斤顶			（图样代号）	
			比例	重量
制图			1:1	
审核				

五、已知主视图和俯视图，把主视图改为半剖视图，补画左视图，并改为全剖视图。

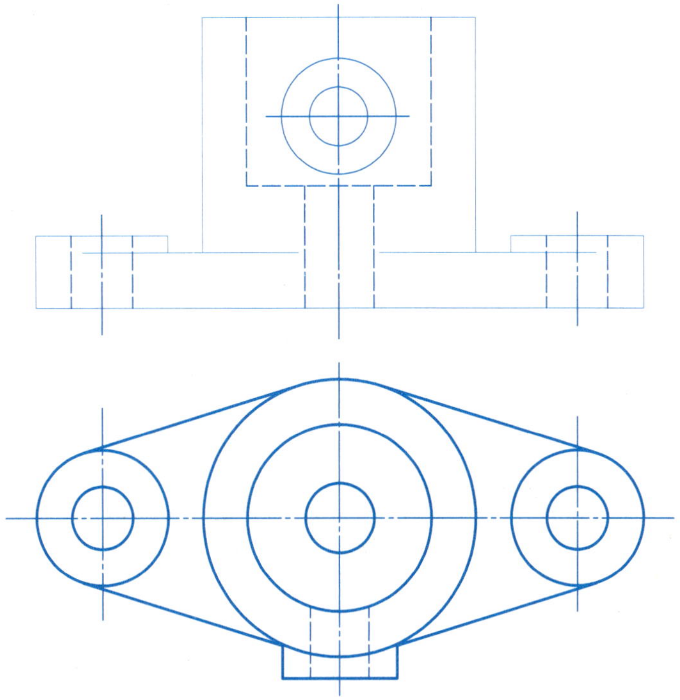

六、补全该螺纹紧固件连接图。

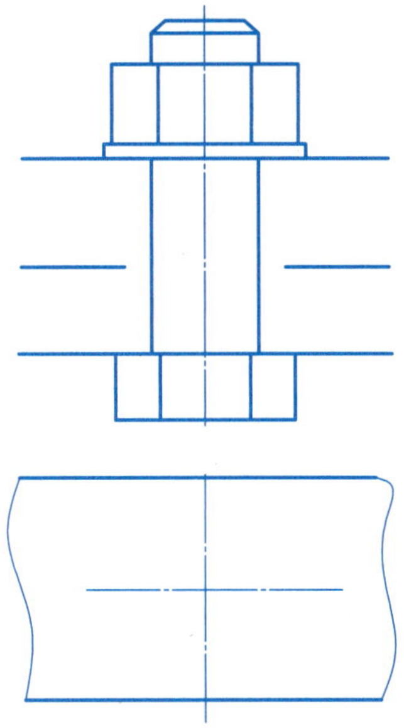

该连接为______________

七、读零件图并回答问题。

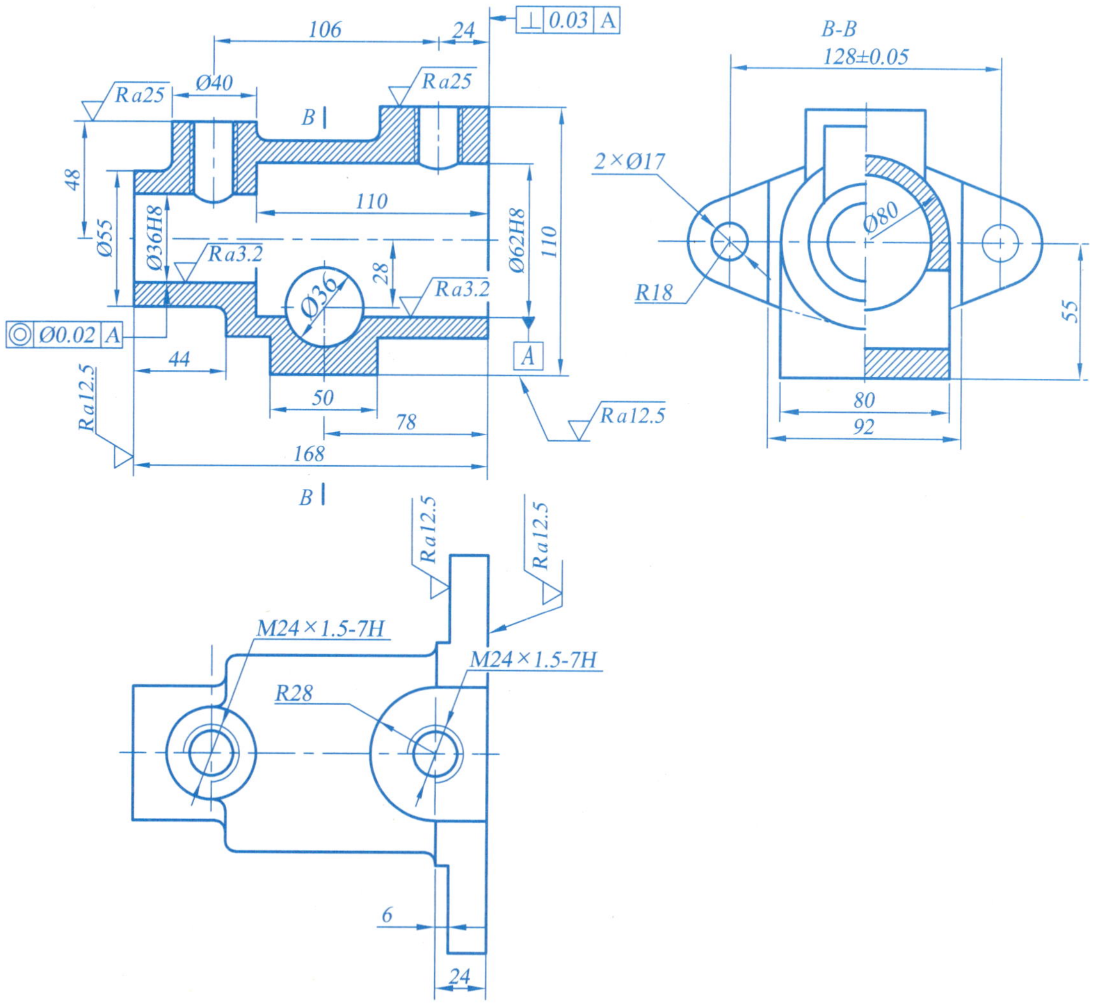

1. □62H8表示基本尺寸是__________，公差带代号是__________，公差等级为__________，是否基准孔______。

2. 中心距尺寸128±0.05，最大可加工成____________，最小可加工成______________，公差值是___________。

3. M24×1.5-7H是____________螺纹，大径是__________，螺距__________，旋向___________，中径和顶径公差带代号是____________________。

4. ◎ Ø0.02 A 检验项目是_______________，公差值是_______________。

5. 零件右端面的表面粗糙度代号是_____________，Ø80 外圆柱面的表面粗糙度代号是____________。

6. Ø36圆柱孔的定位尺寸是________________，和____________________。

五、已知主视图和俯视图，把主视图改为半剖视图，补画左视图，并改为全剖视图。

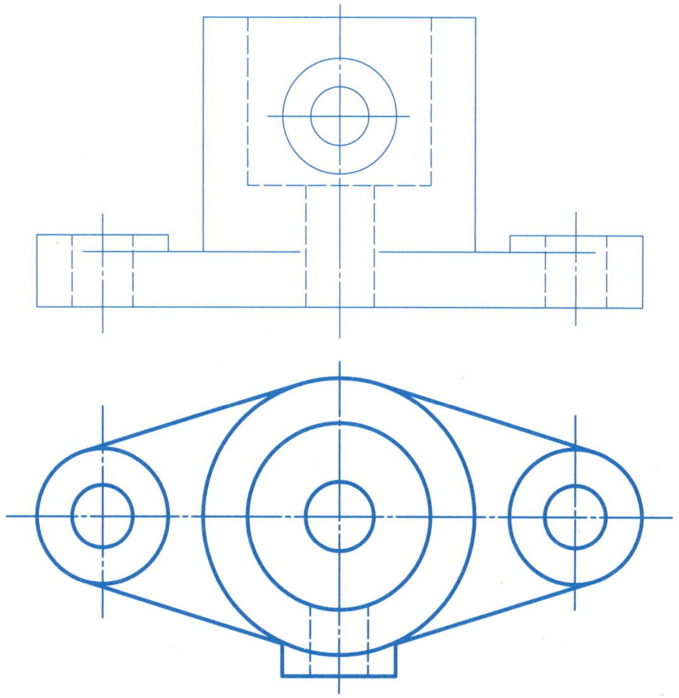

六、补全该螺纹紧固件连接图。

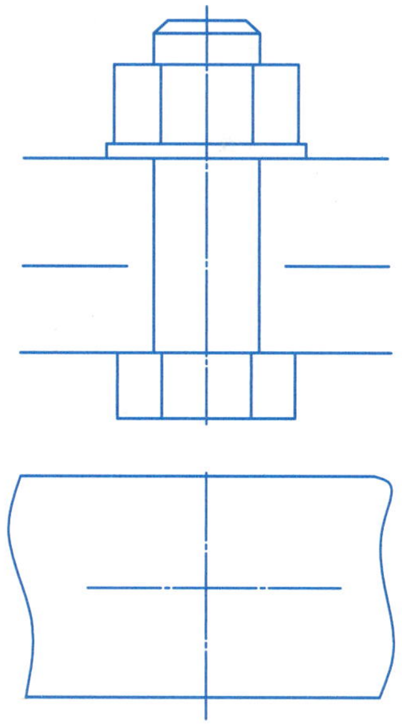

该连接为＿＿＿＿＿＿

七、读零件图并回答问题。

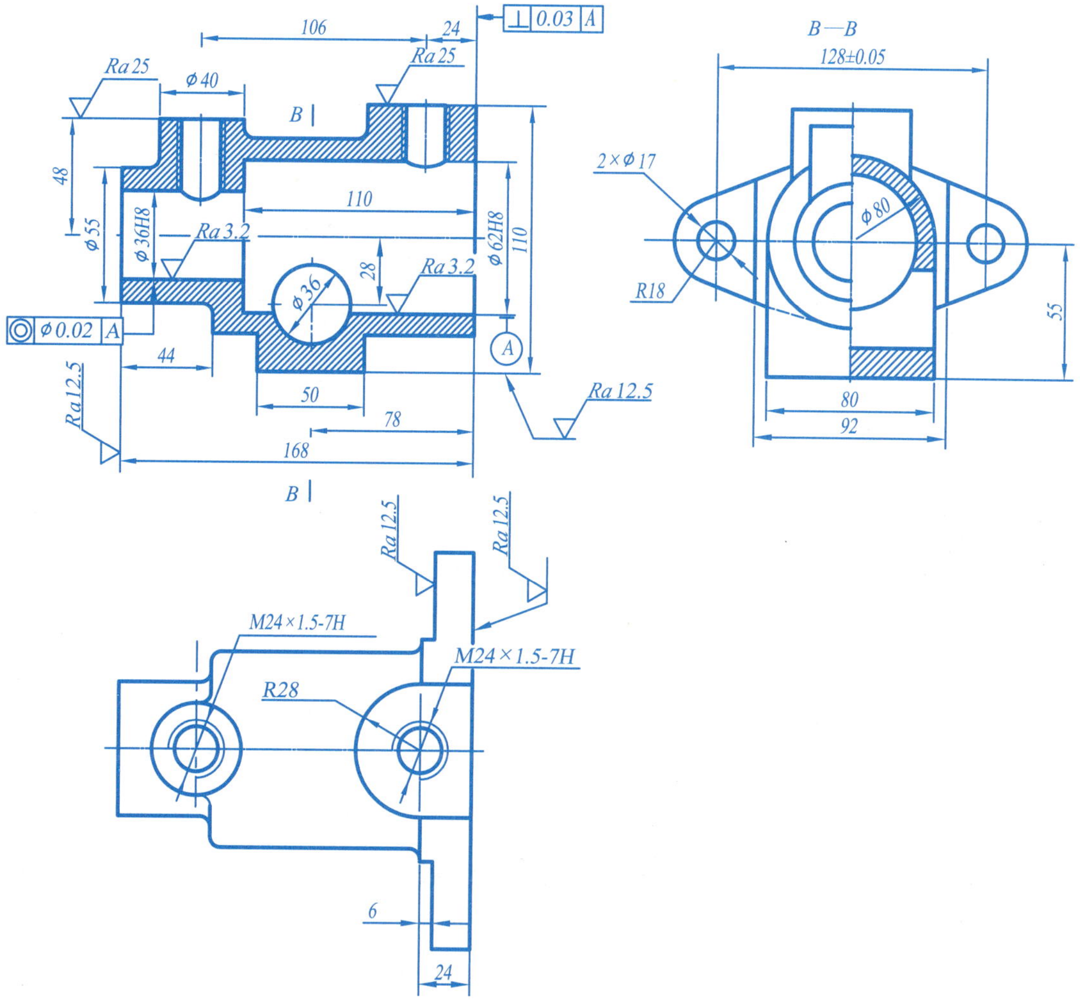

（1）φ62H8表示基本尺寸是＿＿＿＿＿，公差带代号是＿＿＿＿＿，公差等级为＿＿＿＿＿，是否基准孔＿＿＿＿。

（2）中心距尺寸128±0.05，最大可加工成＿＿＿＿＿＿，最小可加工成＿＿＿＿＿＿＿＿，公差值是＿＿＿＿＿＿。

（3）M24×1.5-7H是＿＿＿＿＿＿螺纹，大径是＿＿＿＿＿，螺距＿＿＿＿＿，旋向＿＿＿＿＿＿，中径和顶径公差带代号是＿＿＿＿＿＿＿＿＿＿。

（4）| ◎ | φ0.02 | A | 检验项目是＿＿＿＿＿＿＿＿，公差值是＿＿＿＿＿＿＿＿。

（5）零件右端面的表面粗糙度代号是＿＿＿＿＿＿＿，φ80 外圆柱面的表面粗糙度代号是＿＿＿＿＿＿＿。

（6）φ36圆柱孔的定位尺寸是＿＿＿＿＿＿＿＿，和＿＿＿＿＿＿＿＿＿＿＿。

八. 读懂“发信器”装配图，回答问题，并拆画零件1（壳体）。（表达方法和尺寸根据装配图确定）

发信器工作原理：当导杆2受外力左移时，密封圈3随之左移，则由左侧进气嘴进入的气体可以从上方的出气口排出，即可发出信号，反之无信号。旋下螺钉9，安上接嘴可接通两个信号。

（1）该装配图共采用了______个视图表达其结构，分别是______视图、______视图和_______视图；A—A是_________图。

（2）出气嘴的零件序号是________。

（3）零件6用______个________连接在零件1上。进气嘴用___________连接在零件6上。

（4）装配尺寸$\phi 13\frac{H7}{g6}$是表示零件______和零件_____的配合，是基______制的配合。ϕ13是_______尺寸，H7是_______，g6是_____________。

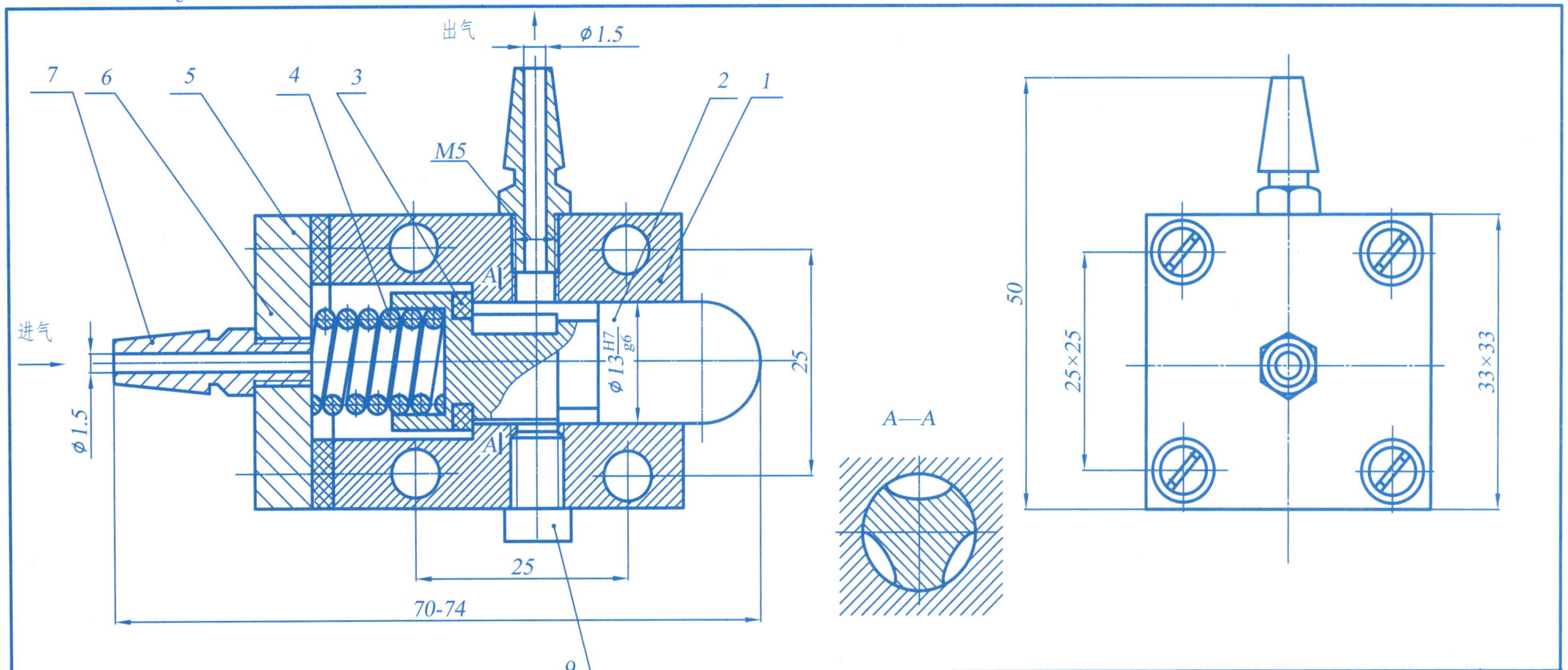

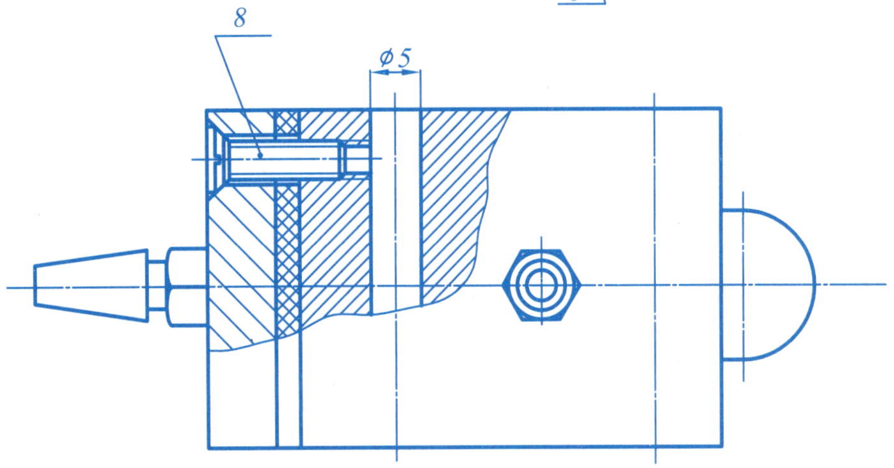

9	GB/T 67-2000	螺钉 M5x8	1	Q235A	
8	GB/T 68-2000	螺钉 M3x12	4	Q235A	
7	DC-01-07	接嘴	2	ZCuZn40pb2	
6	DC-01-06	盖板	1	10	
5	DC-01-05	垫圈	1	橡胶	
4	DC-01-04	弹簧	1	65Mn	ϕ0.5
3	DC-01-03	密封圈	1	橡胶	
2	DC-01-02	导杆	1	45	
1	DC-01-01	壳体	1	45	
序号	代　号	名　称	件数	材 料	备 注

发信器			（图样代号）	
			比例	重量
制图			1:1	
审核				

参 考 文 献

大连理工大学工程制图教研室. 2013. 机械制图. 7 版. 北京：高等教育出版社.

何铭新，等. 2010. 机械制图. 6 版. 北京：高等教育出版社.

李善锋，等. 2015. AutoCAD2015 中文版机械制图基础培训教程. 北京：人民邮电出版社.

李学京. 2013. 机械制图和技术制图国家标准学用指南. 北京：中国标准出版社.

刘朝儒，等. 2006. 机械制图. 5 版. 北京：高等教育出版社.

马俊，王玫. 2008. 机械制图（非机类）. 北京：北京邮电大学出版社.

王建华，等. 2015. AutoCAD2015 官方标准教程. 北京：电子工业出版社.